英検リニューアル完全対応

# 7日間完成
# 英検準1級
## 二次試験対策

**最強の対策本**

ECC編

## 《PREFACE》

さて、いよいよ「英検準1級」二次試験（面接）の学習です。
「合格」までもう少しですからがんばりましょう！

## この教材の特徴

●1週間で「英検準1級」二次試験への準備がバッチリ！

　このテキストは、一次試験の合格通知をもらった人が二次試験に向けて7日間で準備するための教材です。テキストは7ユニットで、問題カードはシミュレーション用のExample Card 1種と実践練習のためのカード7種の合計8種が収録されています。

●合格のための「思考パターン」をマスター！

　当日の試験でどんな問題カードが当たるのかを予想することは不可能です。でも「合格するための思考パターン」をマスターしておけば、どんな問題カードが当たっても応用できます。面接試験の「ナレーション準備」→「ナレーション発表」→「Q＆A」という流れに注目し、「カード内容のあらすじの理解」→「ナレーション作成および発表のポイント」→「質問に答えるコツ」という3ステップの思考プロセスをパターン化しました。

●面接試験をバーチャル体験！

　《INTRODUCTION》の説明を読んでから《SIMULATION INTERVIEW》で面接試験を疑似体験します。これで実際の試験の感覚がつかめるはずです。

　つぎに、DAY 1からの問題カードを使った実践練習をこなします。ナレーションを準備・発表し、さらに4つの質問に答えます。いずれもCDには面接委員が話すセリフがすべて収録されていますので、あたかもあなたが実際に面接試験を受けているかのような感覚で面接試験の練習ができます。

●段階的ステップアップ学習でパワーアップ！
　「英検準1級」二次試験のカギはナレーション。そこで実践練習は以下のように3つのパートに分けられていて、少しずつナレーション作成に慣れるような構成になっています。

### Part 1　（Card 1 - Card 3）
　ストーリーヒントが日本語で完成されている。

### Part 2　（Card 4 - Card 5）
　ストーリーヒントに一部ブランクがあり、自分で埋めるようになっている。

### Part 3　（Card 6 - Card 7）
　ほとんどがブランクになっている。

●「面接スキル」を紹介！
　巻末にはこのテキストで学習したスキルのすべてをまとめて復習できるようにしてあります。

## この教材の利用法

●《SIMULATION INTERVIEW》について
　まずは「英検準1級」の二次試験がどんなテストなのかをCDの「シミュレーション」を聞きながらつかみます。ナレーションサンプルはあくまで解答例ですが、合格するためにはこのぐらい言えると良いという目安ですので参考にしましょう。

●「DAY 1〜7の問題カード実践練習」について
　次ページのフローチャートにしたがってナレーションとQ＆Aの練習をしましょう。

## 【実践練習チャート】

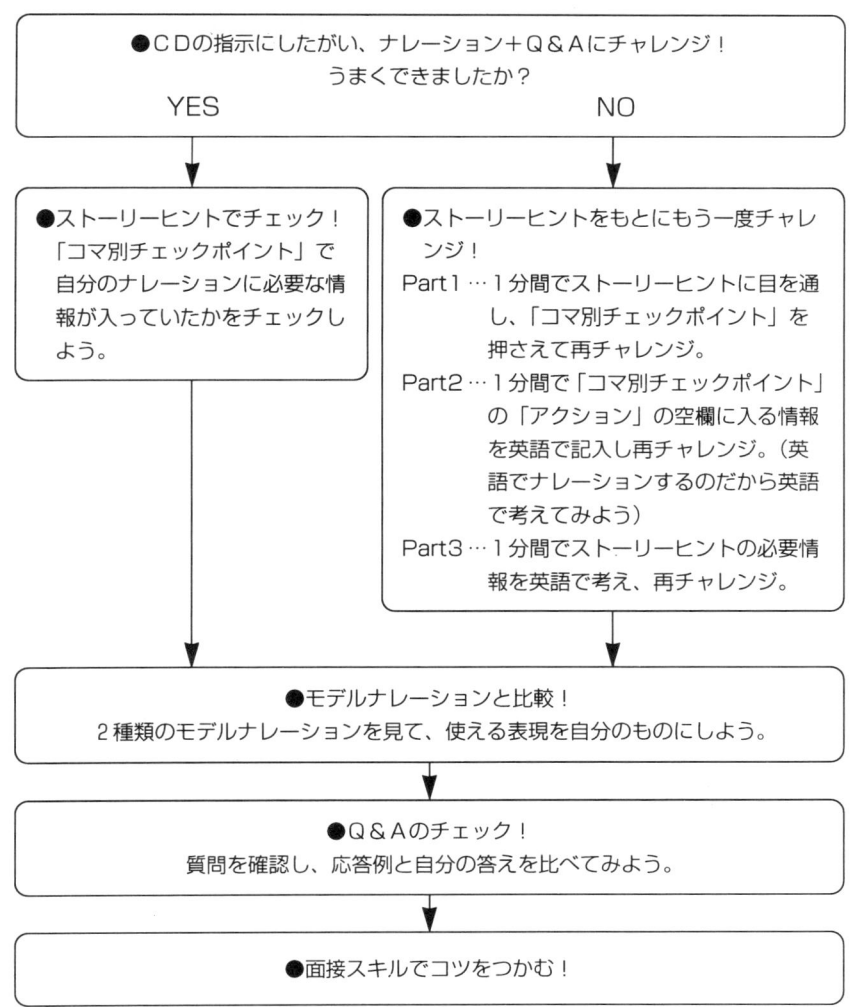

# POWER INTERVIEW for STEP Pre-1

7日間完成「英検準1級」二次試験対策

## 《CONTENTS》

### PREFACE　はじめに　　　3

- ●この教材の特徴
- ●この教材の利用法

### INTRODUCTION　試験紹介　　　7

- ●「英検準1級」二次試験とは？
- ●何が採点されるの？
- ●面接試験の特徴
- ●面接試験の流れ
- ●面接ダイジェスト

### SIMULATION INTERVIEW　面接試験シミュレーション 12

面接試験をバーチャル（疑似）体験してみよう。

### PRACTICE INSTRUCTION　　　19

### POWER EXERCISES

| | | | | |
|---|---|---|---|---|
| **Part 1** | DAY 1 | Card 1 | カード練習&面接スキル | *30* |
| | DAY 2 | Card 2 | カード練習&面接スキル | *42* |
| | DAY 3 | Card 3 | カード練習&面接スキル | *54* |
| **Part 2** | DAY 4 | Card 4 | カード練習&面接スキル | *66* |
| | DAY 5 | Card 5 | カード練習&面接スキル | *80* |
| **Part 3** | DAY 6 | Card 6 | カード練習&面接スキル | *94* |
| | DAY 7 | Card 7 | カード練習&面接スキル | *106* |

### POWER NOTES　　　118

合格するためのコツを集大成！本番直前にもしっかり読もう！

## 《INTRODUCTION》

### 「英検準1級」二次試験とは？

　日本英語検定協会の『英検ＧＵＩＤＥ』によるとこうなっています。
　『個人面接』…日常会話の後、４コマの絵と指示文が与えられ、１分間の考慮時間の後、２分以内で絵の説明を英語で行う。その後、面接委員からの４つの質問に英語で答える。

### 何が採点されるの？

　この「面接試験」で採点されるのは「ナレーション」と「Ｑ＆Ａ」の２つです。構成力、文法力、音声面、語彙などが採点されます。また、試験開始から終了までの全体を通じて、積極的にコミュニケーションをとろうとする「アティチュード」の評価が平成９年に加わりました。

　1)「ナレーション」・・・「問題カード」の４コママンガをもとに、いかにストーリーを組み立て、それを英語で表現するかが採点されます。
　2)「Ｑ＆Ａ」・・・「問題カード」の内容についての英語の質問に英語で答えます。What do you think ...?、あるいはDo you think ...?、そしてWhy do you think so?といった形式質問がほとんど。マンガに描かれたシーンやその背景にある社会的なテーマについて、「あなたはどう思うか」という形で意見をたずねるものになっています。

## 面接試験の特徴

　二次試験（面接試験）は一次試験（筆記試験）とどこがちがうでしょうか？「筆記試験」ではマークシートが相手ですから、英語を「理解」さえしていれば合格できます。でも「面接試験」は「人間」（面接委員）が相手です。「理解」していてもそれをうまく「表現」できなくてはいけません。英語を使ってコミュニケーションしなくてはならないわけです。つまり、「面接試験」では、「英語によるコミュニケーション能力」が測定され、評価されるのです。

## 面接試験の流れ

　では、「面接試験」の全体の流れを見てみましょう。

❶「入室」……係員の指示で教室に入ります。
❷「面接カード提出」……面接カードを面接委員に渡します。
❸「着席」……イスに着席します。
❹「英会話」……ウォーミングアップです。
❺「問題カード受領」……問題カードを面接委員から受け取ります。
❻「ナレーション準備」（1分間）……ナレーションを準備します。
❼「ナレーション発表」（2分間）……ナレーションを発表します。
　　　　　　　　　　　　　　　　　　　　　　（採点されます）
❽「Q＆A」（4問）……4コママンガの内容について英語で質問され、
　　　　　　　　　それに英語で答えます。（採点されます）
❾「問題カード返却」……問題カードを返します。
❿「退室」……教室を出ます。

## 面接ダイジェスト

### 1)「入室」（あいさつをしましょう）
○係員の指示にしたがって教室に入ります。
○ノックを2回しましょう。面接委員が"Please come in."と言ってくれます。
○面接委員に"Good morning(afternoon)."とあいさつしながら入ってください。
○減点の対象にはなりませんが、日本語は原則的に禁止です。

　係員：　　　はいどうぞ、○○さん。入室してください
　あなた：　　はい（立ち上がって入室）
　　　　　　　（部屋に入りながら）Good morning.（おはようございます）
　面接委員：Good morning.（おはようございます）

### 2)「面接カード提出」
○当日受付でもらった「面接カード」（採点用マークシート用紙）を面接委員に渡します。面接委員はこのカードにあなたの得点を記入するのです。
○あなたの自宅に郵便で届いた「受験票」（ハガキ）は渡す必要はありません。

　面接委員：May I have your card, please?（カードをいただけますか）
　あなた：　Yes. Here you are.（はい、どうぞ）

### 3)「着席」
○イスに着席します。

　面接委員：Please have a seat.（着席してください）
　あなた：　Thank you.（ありがとうございます）

4)「英会話」
　○面接委員が2～3の質問を英語でしますので英語で答えてください。
　○面接委員が"Now I'm going to ask you some questions."といいます。
　○"Are you going to take the pre-first grade test today?"と聞かれることがあります。これは「あなたは今日、英検準1級の試験を受けるのですね」という確認です。"Yes, I am."と答えましょう。
　○この問答は緊張をほぐすために行われ採点されませんから、リラックスしてください。

5)「問題カード受け取り」
　○面接委員が「問題カード」を1枚、あなたに渡します。
　　面接委員：Let's start the test. Here's your card. （では試験を始めましょう。これがあなたのカードです）
　　あなた：　Thank you. （ありがとう）

6)「ナレーション準備」(1分間)
　○「4コママンガ」を見てストーリーを組み立てましょう。「状況」→「行動」→「展開」→「結末」の4つを抑えます。
　　面接委員：Please make up a story based on the pictures on this card. You have one minute to prepare. （このカードについてあなたのストーリーを作ってください。準備時間は1分です）…時間を計り始める。
　　あなた：　Yes. （はい）…ナレーションを準備し始める。

7)「ナレーション発表」(2分間)
　○大きな声で元気よく発表しましょう。
　　面接委員：Now, please start your narration. （ではナレーションを発表してください）
　　あなた：　OK. （はい）…ナレーションを発表する。

That's my story. Thank you very much.（これが私の作ったストーリーです。ありがとうございました）

8 )「Q＆A」
　○「問題カード」の内容について質問され、答えます。
　○質問は合計 4 問です。
　○この時、「問題カード」を見ながら答えることができます。
　○「間」があかないように迅速に答えましょう。
　　面接委員：Now I'm going to ask you four questions. Number one....（では4問の質問をします。まず第1問…）
　　あなた：　（質問に答える）

9 )「問題カード返却」
　○「問題カード」を面接委員に返します。
　○面接委員が手を伸ばしてきますが、カードを渡してください。握手するのではありません。（しても減点されたりはしませんが）
　　面接委員：That's the end of the test. May I have the card back, please?（これでおしまいです。カードを返してください）
　　あなた：　Yes. Here you are.…カードを渡す。

10 )「退室」
　○教室から出ます。（あいさつしましょう）
　　面接委員：You may go now. Thank you.（帰って結構です。ごくろうさま）
　　あなた：　Thank you very much.（どうもありがとうございました）

## 《SIMULATION INTERVIEW》
では、以下の「問題カード」を使った
試験風景（シミュレーション）を聞いてみましょう。

## Example Card

You have **one minute** to prepare.

This story is about a young man named Kazu.
You have **two minutes** to narrate the story.

Your story should begin with the following sentence:
**One winter holiday, Kazu and his friends were driving to Nagano for a three-day skiing trip.**

## 会話の内容

**面接委員：** Good afternoon.（こんにちは）
**あなた：** Good afternoon.（こんにちは）
**面接委員：** May I have your card, please?（あなたのカードをいただけますか）
**あなた：** Yes. Here you are.（はい、どうぞ）
**面接委員：** Thank you. Please have a seat.（ありがとう。座ってください）
**あなた：** Thank you.（ありがとう）
**面接委員：** Before we start the test, I'd like to ask you some questions.（試験を開始する前にいくつか質問したいことがあります）
**あなた：** Sure. Go ahead, please.（はい。どうぞ）
**面接委員：** May I have your name?（お名前をお聞かせください）
**あなた：** My name is Mariko Suzuki.（スズキマリコです）
**面接委員：** Ms. Suzuki, are you taking the Pre-1st Grade of the STEP test?（スズキさん、あなたは英検準1級のテストを受けるんですね）
**あなた：** Yes, I am.（はい、そうです）
**面接委員：** Would you tell me what you do for a living?（ご職業は何ですか）
**あなた：** I'm a company worker.（会社員です）
**面接委員：** Do you mind telling me about your hobbies?（ご趣味について話してくださいますか）
**あなた：** Not at all. I love skiing. I go skiing almost every winter. I also like reading books, traveling abroad, and using my computer.（はい。スキーが大好きですね。冬はほとんど毎年スキーに出かけます。それから読書、海外旅行、コンピュータ

　　　　　　　で遊ぶのが好きです）
**面接委員**：Do you like English?（英語は好きですか）
**あ な た**：　Yes. Of course.（はい、もちろんです）
**面接委員**：All right. It's time to start the test. Here's your card. Look at the pictures carefully, and read the directions given above them. You have just one minute to prepare. Start. （結構です。テストを始めましょう。これがあなたの問題カードです。絵をしっかり見て、それからその下の指示を読んでください。準備時間は1分間だけです。では、始めてください）
**あ な た**：　OK.（はい）

**面接委員**：All right, stop. Now, please start your narration.（はい、止めてください。では、あなたのナレーションを発表してください）
**あ な た**：　　One winter holiday, Kazu and his friends were driving to Nagano for a three-day skiing trip.  They were very excited to get away from  all of the stress of daily life.
　　As was their custom on such trips, they stopped off at a convenience store and stocked up on pre-packaged dinners to eat at the ski slopes. Shopping was fun for them!
　　On the way to their destination, they snacked on some of their supplies.  Kazu was fussy about the condition of his new four-wheel drive and he asked his friends to get rid of the trash.  Two of his friends threw the trash out the window while they were driving. They didn't care about leaving litter on the side of the road.
　　They had no idea they were being watched and they were stopped by the police patrolling the area.  The police told them to pick up their trash and not to litter the

roadside again. They felt ashamed of themselves.

　（ある冬休み、カズと彼の友人たちは3日間のスキー旅行のため長野に向かっていた。彼らは日々のストレスから解放されてとてもわくわくしていた。

　いつものことながら、彼らはコンビニに寄って、スキー場で食べる夕食用のお弁当を調達した。買い物は楽しかった。

　目的地までの道中、彼らは買い込んだ食べ物を少しつまんだ。カズは自分の4WDの新車をいつもきれいにしておきたかったので、友人たちにゴミを片づけるように頼んだ。友人のうち二人が走行中にクルマの窓からゴミを投げ捨てた。彼らは道路わきにゴミを散らかしても平気だった。

　彼らは誰かに見られているなんて夢にも思わなかった。でもパトロール中の警官に投げ捨てたゴミを拾うように命じられ、二度と道のわきにゴミを捨てないように注意された。彼らはとても恥ずかしかった）

**面接委員：** Thank you. Now I'm going to ask you four questions about the pictures. (ありがとう。ではこれらの絵について4つの質問をします)

**あなた：** OK. (はい)

**面接委員：** No. 1: If you were the policeman, what would you have said in the last picture? (第1問：もしあなたが警官だったら、最後の絵で何と言ったと思いますか)

**あなた：** I would have said, "When you have trash you should place it in a trash can." (「ゴミは、ゴミバコに入れないとダメ」と言ったでしょう)

**面接委員：** No. 2: What do you think Kazu and his friends learned from this experience? (第2問：カズと友人達はこの経験か

| | |
|---|---|
| | らどんな教訓を得たと思いますか） |
| あなた： | I think they learned that they shouldn't throw trash out the windows while they are driving.（車の窓からゴミを投げ捨てたりしてはいけないということを学んだと思います） |
| 面接委員： | No. 3: Do you think most Japanese people don't care about littering in public places?（第3問：大抵の日本人が公共の場所に平気でゴミを散らかすとあなたは思いますか） |
| あなた： | No.（いいえ、思いません） |
| 面接委員： | Why do you think so?（どうしてそう思うのですか） |
| あなた： | I know there are some people who litter. But I think they are exceptions. Most Japanese people try not to litter.（ゴミを散らかす人がいるのは確かですが、例外だと思います。大抵の日本人はゴミを散らかさないよう気を付けていますよ） |
| 面接委員： | No. 4: What do you think is the best way to prevent littering in public places?（第4問：公共の場所でゴミを散らかさないようにする一番よい方法は何だと思いますか） |
| あなた： | I beg your pardon?（もう一度お願いします） |
| 面接委員： | What do you think is the best way to prevent littering in public places? |
| あなた： | I think we should fine anyone who litters, just like Singapore does.（シンガポールのように、ゴミを散らかす人に罰金を課すのがいいと思います） |
| 面接委員： | That's all. May I have the card back?（質問はこれで終わりです。問題カードを返して下さい） |
| あなた： | Here you are.（はい、どうぞ） |
| 面接委員： | Thank you. You may go now.（ありがとう。退出して結構 |

です）
あなた： Thank you very much. （ありがとうございました）

## モデルナレーションB
ではもう1つのナレーションサンプルを聞いてみましょう。

# MODEL NARRATION B

One winter holiday, Kazu and his friends were driving to Nagano for a three-day skiing trip. They had been driving for several hours and were hungry.

Kazu suggested that they stop at a convenience store. At the store they bought hot food, hot coffee, and sandwiches.

They decided to continue driving while eating their hot food. They wanted to arrive at the ski slopes as early as possible. Kazu put all of his litter in one plastic bag. Kazu did not want to make a mess of his car. His four friends were also filling big plastic bags with trash. All of a sudden, they threw all the plastic bags out the windows.

A policeman was driving by as the plastic bags hit the road. The policeman turned around and pursued Kazu's car. Kazu was very afraid when he saw the red light. The policeman made Kazu and his friends pick up the plastic bags and all the other litter along the road. The policeman wanted to teach Kazu and his friends about the consequences of littering. Kazu and his friends arrived at the ski slopes late, still thinking about their embarrassing experience.

## 和訳

　ある冬休み、カズと彼の友人達は3日間のスキー旅行で長野へ車で向かっていた。カズたちは数時間ドライブを続けていると空腹になった。

　コンビニに寄ろうとカズが提案した。店で彼らは温かい食べ物やホットコーヒー、サンドイッチを買い込んだ。

　彼らは温かい食べ物を食べながらドライブを続けることにした。できるだけ早くスキー場に到着したかったからだ。カズは自分のゴミを全部ポリ袋に入れた。ゴミで車を散らかしたくなかったのだ。彼の友人4人もゴミをポリ袋に詰めた。急に彼らは窓からそのポリ袋を全部投げ捨てた。

　ポリ袋が道路に落ちたちょうどその時、警官がパトカーでやって来た。その警官はパトカーの向きを変え、カズの車を追った。カズは赤いランプを見るととても恐くなった。警官はカズと友人らにポリ袋と道路脇の他のゴミを全て拾わせた。警官は彼らに、ゴミを散らかすとどんなことになるのか教えたかったのである。カズたちはみんなばつの悪い思いのまま、スキー場への到着が遅くなってしまった。


　「英検準1級」面接試験のイメージがつかめましたか？　では、次回からは実際にカードを使って実践練習していきましょう。

## 《PRACTICE INSTRUCTION》

「DAY 1」からは1日1つずつ問題カードを使って実践練習します。
テキストを最大限に活用するために以下をよくお読みください。

### 4ポイントメソッドでナレーションを攻略！

　「英検準1級」二次試験のカギはなんといっても「ナレーション」である。あなたも「いったいどうやったらパッとストーリーが作れるのか」と悩んでいるにちがいない。でも心配ご無用。シンプルに考えよう。問題カードに描いてあるマンガは4コマである。つまり、ストーリーも4つのポイントで抑えればいいのである。
　●1コマ目→シチュエーション（場面設定を説明する）
　●2コマ目→アクション（主人公が行動を起こす）
　●3コマ目→ハプニング（主人公にトラブル発生！）
　●4コマ目→エンディング（トラブルの結末）
「状況」→「行動」→「展開」→「結末」この4ポイントでナレーションを組み立てればよい。

### ストーリーヒント

　とはいえ、最初からすいすいできる人はいない。そこでこのテキストではナレーションを組み立てるのに必要なヒントがまとめられている。ストーリーが組み立てられなかったらこのヒントをちらりと見てもう一度チャレンジしてみよう。

**1）主人公**
　誰が主人公であるかを忘れずにその人物を中心に話を進めよう。話もまとまりやすいし、後の質問No.1とNo.2で主人公について聞かれることが多いので的を得た解答ができるはず。

**2）スターター**

問題カードの下段に太字で書いてある冒頭文のことである。ナレーションはかならずこの文から始めなくてはならない。この文によって登場人物、時、場所、状況などいろいろな設定がなされる。

### 3）コマ別チェックポイント
　ナレーション構成の基本は、マンガのそれぞれのコマから「いかに効率的に情報を読みとるか」である。これができないと結果的に的外れのナレーションになってしまう。逆に言えば、「コマ読み」さえキッチリできれば、ナレーションの骨組みが完成するわけだから、あとはすごく楽になるということだ。

#### ①シチュエーション（状況）
　時間、曜日、場所、看板、標識、情景、小道具、人物に注目する。これらの情報によって状況が設定されてくる。

#### ②アクション（動作）
　主人公を中心とした登場人物に注目する。「描かれている情報」としてそれぞれの人たちが何をしているのかを描写しよう。さらに「描かれてない情報」としてそれぞれの動作の理由を説明するとグッとナレーションのグレードがアップする。

#### ③フィーリング（心理）
　さらなる味付けは「心理描写」だ。①と②の「状況」と「動作」の描写だけでは2分間の持ち時間が余ってしまうし、ナレーションが薄っぺらになってしまうだろう。
　そこでそれぞれのコマでの登場人物の「心理状態」を推測してみよう。この「アクション」＋「フィーリング」で非常に深みのあるナレーションが生まれる。

④エンディング（結末）
　　仕上げは「しめくくり」だ。3コマ目の「ハプニング」の結末が4コマ目になる。ここでストーリー全体をまとめるようなセリフがあると理想的。ナレーションの最後はこの「キメの表現」でフィニッシュしよう。面接委員は感動したかのように大きくうなづくだろう。これであなたのナレーションは完璧だ！

4）ストーリーパターン
　　4コママンガのストーリー展開を大別すると以下の2つのパターンに分けられる。

　①ハッピーエンド
　　主人公がハプニングに巻き込まれるが、無事に解決してホッとするパターン。例えばこんなケースが考えられる。
　・財布をなくしてあわてるが、無事に手に戻った。
　・ふだんはさえなかった社員が、大きな契約を取ってきて表彰される。
　・女性が痴漢に襲われるが、やっつけてしまう。

　②アンハッピーエンド
　　主人公が前半はハッピーだが後半ではアンハッピーに。はりきってあるアクションを起こすが、予想外の展開になりがっかりしたり、怒ったりするパターン。例えばこんなケースが考えられる。
　・宝くじが当たったが、くじ券を落としてガッカリ。
　・初デートに出かけた二人だったが、雨にふられてビショビショに。
　・はりきってパソコンを購入したが、使いこなせず宝のもちぐされ。

5）ストーリーテーマ
　　どのストーリーにも社会的なテーマがあり、それが何かをつかむこと

が必要だ。なぜなら「ナレーション」のあとで行われるQ＆Aで（ふつうNo.3で）「～についてあなたはどういう意見をもっているか」と聞かれるからだ。ナレーションを作りながらテーマを絞っておけば準備万端だ。

## モデルナレーション

ストーリーヒントの後にA, B 2つのモデルナレーションが続く。モデルナレーションAは「模範的」ナレーション、Bは「この程度で十分合格レベル」のナレーションになっている。自分のナレーションと比較してみよう。人により同じ問題カード（4コママンガ）からさまざまなナレーションが生まれる。難しい表現を使おうとするとまちがえたりして墓穴を掘ることになりかねない。無理せず自分の知っている英語で表現するようにしよう。

## Q＆A

本番の面接試験と同じように4コママンガに関する4つの質問が続く。「私のストーリーと関係ないことを質問されたらどうしよう？」と心配する人がいるが、通常この4つの質問はあなたのナレーションではなくマンガに基づいて行われるのでご心配なく。

過去の出題例では、質問のパターンは以下のようになっている。

## No.1

No.1は、マンガの登場人物の立場になってセリフを言うもの。
①もし主人公だったら…

| Q | If you were ...,what would you have said in the _____ picture?<br>（もしあなたが、誰それだったら、○番目の絵のシーンで何と言ったと思うか） |
|---|---|

仮定法の質問だが、答え方は簡単だ。

| A | I would have said, "_____."<br>（「_____」と言ったでしょう） |
|---|---|

I would have said,と取りあえず言って、あとは直接話法で、登場人物のセリフを言えばよい。I would have said that ...などと間接話法で言うのは避ける。直接話法の方が自然だし、簡単だ。

②もし脇役だったら…というバリエーションもある

| Q | If you were _____ in the _____ picture, what would you have said (to __主人公__ )?<br>（もしあなたが○番目の絵のシーンの誰それだったら、（主人公に対して）何と言ったと思うか） |
|---|---|

答え方は、①と同じ。

## No.2

マンガのストーリーの解釈を問う質問。2パターンある。
①主人公はどんな教訓を得たか？

| Q | What do you think __主人公__ learned from this experience?<br>（主人公はこの経験からどんなことを学んだとあなたは思うか） |
|---|---|

| A | I think _____ he/she/they learned _____.<br>（_____ということを学んだ／知ったと思います） |
|---|---|

　学んだ教訓は、一つ挙げればよい。ストーリーによっては二つ考えられるものもあるが、その場合でも、一つしか言及しないと減点されることはない。

②主人公はこの困難な状況をどのようにして解決したらよいか？

| Q | What do you think __主人公__ should do to solve his/her/their problem in the last picture?<br>（主人公は最後の絵のシーンに描かれた問題をどう解決すればよいと思うか） |
|---|---|

| A | I think _____ he/she/they should _____.<br>（_____をすればよいと思います） |
|---|---|

　このパターンへの応答は、少々長くならざるを得ない。いくつか例を挙げよう。

　I think she should talk to her family so she doesn't have to ....

I think she should wait a while, and then talk to her husband to try to persuade him.

I think she should take it easy, because it's natural for children to ....

## No.3

マンガの背景にある社会的なトピックについての考えを問う。

| Q | What do you think about/of _____?<br>(_____についてあなたはどう思うか) |

| A | I think _____.<br>(私の考えは、_____) |

過去の問題で、以下に引用するようなトピックが取り上げられている。(年度は平成)

  couples sharing housework　夫婦による家事の分担（9年第1回）

  the housing problem in Japan　日本における住宅問題（9年第2回）

  the large number of Japanese who go overseas to shop　海外ショッピングにいく大勢の日本人（同上）

  the recent popularity of outdoor activities　近年のアウトドア活動の人気（8年第2回）

  Christmas in Japan　日本のクリスマス（7年第2回）

  the police box system in Japan　日本の交番制度（同上）

  the trend toward big discount stores in Japan　日本における大型

ディスカウントストアの流行（7年第1回）

バリエーションとして、次のような質問もある

What problems do you think people face after they retire? 退職後、人はどんな問題に直面すると思うか（9年第1回）

Many people think that pets are good for children. What do you think about that? ペットは子供にとっていいものだと考えられているが、どう思うか（8年第1回）

What is your opinion of parents who do the opposite of what they tell their children to do? 子供にしなさいと言っていることの反対のことをする親についてのあなたの意見は（同上）

What do you think will happen in the future to people who can't operate computers? コンピュータを使えない人は将来どうなると思うか（7年第1回）

## No.4

コントラバーシャルな、あるいは人によって意見の異なる問題についてどう思うか。最初の応答に対して、Why?あるいはWhy do you think so?と続けて質問され、その考えの根拠、理由が問われる。

①Do you think ...?パターン

| Q | Do you think _____?<br>（_____だとあなたは思うか） |
|---|---|

| A | Yes. / No. |
|---|---|

| Q | Why do you think so? |
|---|---|

| A | (Because) _____ . |
|---|---|

過去の問題で、以下に引用するような問題が取り上げられている。（年度は平成）

Do you think it is a good idea for these generations to live in the same house?（9年第2回）

Do you think Japanese tourists are more likely to get into trouble than tourists from other countries?（9年第2回）

Do you think people have enough sense of responsibility for the environment?（8年第2回）

②Wh-questionsパターン

| Q | Who/What/etc.(do you think) _____ ?<br>(誰が／何が／etc.が_____ であるか（と思うか）) |
|---|---|

| A | _____ . |
|---|---|

| Q | Why (do you think so)? |
|---|---|

| A | (Because) _____ . |
|---|---|

過去の問題を引用すると、以下の通りである（年度は平成）

If you could choose your own retirement age, at what age would you like to retire?（9年第1回）

Who do you think should be the most responsible for raising children?（9年第1回）

次の例は選択疑問文であるが、②のパターンに分類できる。

In your opinion, would it be an advantage or disadvantage for children to grow up in the city?（8年第2回）

## 面接スキル

　各DAYの最後は二次試験合格のための「POWER SKILLS」（面接スキル）が紹介されている。これらのテクニックをマスターすれば自信を持って試験に臨むことができる。

# Part 1

## Card 1 - Card 3
### （ここで充分充電しよう）

　DAY1〜DAY7のカードは3つのパートに分けられていて、パートを追うごとに1人立ちできるよう構成されている。Part 1では、完成されたストーリーヒントがついているCard 1,2,3に挑戦する。まず指示にしたがって自分でナレーションを作り、4つの質問に答えよう。自分のナレーションに自信のある人はモデルナレーションと自分のナレーションを比較してみよう。

　ちょっと自信がなくてもう一度トライしてみたい人はストーリーヒントを参考にしよう。ストーリーヒントを見ながらもう一度ストーリーを語ってみよう。それからモデルナレーションと自分のストーリーを比較してみよう。最後に4つの質問を正しく聞き取れたか、的を得た答ができたかを確認しよう。

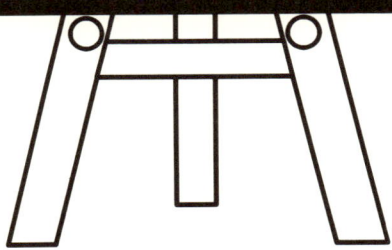

# DAY 1

# Day 1

## ►►► POWER EXERCISES

> では、ＣＤを聞きながら問題カードのナレーションと質疑応答にチャレンジしてみよう。

### Card 1

You have **one minute** to prepare.

This story is about a businessman named Mr. Tanaka.
You have **two minutes** to narrate the story.

Your story should begin with the following sentence:
**Mr. Tanaka worked for a large automobile manufacturer in Japan and was transferred to the United States.**

# ▶▶▶ STORY HINTS

1️⃣ **主人公**：田中さん

2️⃣ **スターター**：田中さんは日本で大きな自動車メーカーで働いていたが、アメリカへ転勤になった

3️⃣ **コマ別チェックポイント**：
① シチュエーション（状況）
- 1コマ目→東京・飛行機・見送りの人
- 2コマ目→タバコ・ライター・禁煙マーク
- 3コマ目→ビール・水割り・ワイングラス・田中さんの考えている事と表情
- 4コマ目→ニューヨークの空港・田中さんの様子

② アクション（動作）
- 1コマ目→会社の人に見送られ、張り切って飛行機に乗り込む
- 2コマ目→タバコを吸おうとすると、スチュワーデスから機内は禁煙と言われる
- 3コマ目→タバコが吸いたくてしかたないのでお酒で紛らす
- 4コマ目→ニューヨークに着いた田中さんは酔っぱらってフラフラ

③ フィーリング（心理）
- 1コマ目→田中さん（やる気まんまん）・同僚（がんばってこいよ！）
- 2コマ目→田中さん（顔の汗）・スチュワーデス（笑顔）
- 3コマ目→田中さん（イライラ）・吹き出し（欲望）
- 4コマ目→田中さん（フラフラ）・出迎え人の「？」マーク

④ エンディング（結末）
　　アメリカ転勤に喜んだ田中さんだが、機内禁煙で全くタバコが吸えずイライラがつのるばかり。やけ酒を飲んでフラフラに。禁煙ルールのために出鼻をくじかれた感じの田中さん。これからも先が思いやられるという不安がある。

**4 ストーリーパターン：**「アンハッピーエンド」タイプ

**5 ストーリーテーマ：** 公共の場での喫煙


ここまで頭に入れたところで、もう一度チャレンジしてみよう。

# ▶▶▶ POWER POINTS

## ▷ MODEL NARRATION A

**Mr. Tanaka worked for a large automobile manufacturer in Japan and was transferred to the United States.** He was quite excited about this. His friends from work came to see him off at the airport.

As he took his seat on the plane, he became quite nervous because this was his first flight abroad. Just as he was starting to light a cigarette to relax, a flight attendant came to him and asked him kindly not to smoke.

He was pleased to find that he could drink quite a lot — and he did so, but he was dying for a cigarette. He thought about smoking during the whole flight because he was normally a chain smoker.

Finally, when he arrived in New York, he was a mess! He was drunk, certainly, but even worse, he was a nervous wreck from not being able to smoke for almost a day!

## ▷ VOCABULARY NOTES

- ◆ ask A kindly not to 〜 = Aにていねいに〜しないように頼む
- ◆ mess= ひどい格好、ひどい状態
- ◆ nervous wreck= 神経が参った状態

# DAY 1

## ▷ TRANSLATION

　田中さんは日本で大手の自動車メーカーで働いていたが、アメリカへ転勤になった。彼は大喜びだった。同僚たちが空港まで見送りに来てくれた。

　飛行機に乗って席に着くと、とても緊張してきた。初めて国際線に乗るからだった。リラックスしようとタバコに火を付けようとした田中さんは、スチュワーデスから機内での喫煙はご遠慮下さいと言われた。

　お酒をたくさん飲めることが分かり喜んだ田中さんはそうしたが、タバコが吸いたくてしかたなかった。片時もタバコを放せない田中さんは、飛行機の中でずっとタバコのことばかり考えていた。

　やっとニューヨークに着いた時彼はよれよれだった。もちろん酔っぱらっていたが、もっとひどいことには、ほとんど丸一日喫煙できなかったことで神経が参っていた。

## ▷ MODEL NARRATION

　**Mr. Tanaka worked for a large automobile manufacturer in Japan and was transferred to the United States.** Mr. Tanaka was really excited because he had been eager to work overseas. Several weeks later, Mr. Tanaka's friends saw him off at the airport.

　The airplane took off. Mr. Tanaka relaxed in his seat and enjoyed the view from the window. He took a pack of cigarettes from his pocket. He was a heavy smoker; he smoked two packs a day. As he was about to light a cigarette, a flight attendant came over. She said, "No smoking, please. This is a non-smoking flight, sir." Mr. Tanaka was really embarrassed.

Mr. Tanaka asked the flight attendant to bring him a bottle of beer. Since he knew that he could not smoke, he could not help drinking instead. After he drank a couple of bottles of beer, he ordered wine. He drank and drank. At last he went to sleep.

When his airplane landed in New York, Mr. Tanaka's boss in the U.S. office was there to meet him. The boss was really surprised to see Mr. Tanaka looking very drunk.

# Day 1

## ▶▶▶ Q&A

### No.1
**Q**: If you were the flight attendant, what would you have said to Mr. Tanaka in the second picture?
　質　問：もしあなたがフライトアテンダントだったら、二つ目の絵で田中さんに対し何と言ったでしょう。

**A**: I would have said, "No smoking, please. This is a non-smoking flight, sir."
　応答例：「お煙草はご遠慮下さい。このフライトは禁煙となっております」と言ったでしょう。

### No.2
**Q**: What do you think Mr. Tanaka learned from this experience?
　質　問：田中さんはこの経験からどんな教訓を得たと思いますか。

**A**: I think he learned he depends too much on smoking to relax.
　応答例：リラックスするために自分があまりにもタバコに頼りすぎていることに気づいたと思います。

### No.3
**Q**: What do you think about the airline prohibiting smoking on all flights?
　質　問：全フライトが全席禁煙の航空会社をどう思いますか。

**A(1)**: I think it's nice that airlines prohibit smoking on all flights.
　応答例(1)：航空会社が全フライトを禁煙にするのはいいことだと思います。

**Q** : Why do you think so?
**A(1)** : I don't smoke, and I hate to smell other people' smoke.
　　応答例(1)：私はタバコは吸いませんし、人が吸うタバコの煙の臭いがイヤです。

**A(2)** : I think they should provide smoking areas on their flights.
　　応答例(2)：機内に禁煙コーナーを設けるべきだと思います。
**Q** : Why do you think so?
**A(2)** : I'm a heavy smoker. I can't stand to sit in a plane for a long time without smoking.
　　応答例(2)：私はヘビースモーカーなので、飛行機で長時間タバコが吸えないのは我慢できません。

## No.4

**Q** : What do you think about smoking in public places?
　　質　　問：公共の場での喫煙についてどう思いますか。
**A(1)** : I think that smokers should have some designated place to smoke, just like people have places to eat or drink.
　　応答例(1)：食べたり飲んだりする特定の場所があるように、喫煙者には喫煙コーナーが与えられるべきです。

**A(2)** : I think that smokers should be restricted, because smoking is not good for health.
　　応答例(2)：喫煙者は制限されるべきです。喫煙は健康に良くないのですから。

# DAY 1

## ▶▶▶ POWER SKILLS やさしい構文でも十分合格できる！

　準1級の一次を突破したアナタのことだ。相当の単語力と文法知識もあることだろう。ところが意外なことに、準1級の二次に合格するためには英検3級か、せいぜい準2級レベルの英語を使いこなせれば十分なのだ。ストーリー作りに使用する構文となればさらに数が限られている。過去の出題パターンから「勝てる」構文を割り出した。使えるものだけを正確に覚えるのがカシコイやり方だろう。

### 【原因・理由の表現リスト】

① 「接続詞」パターン
　「理由」を説明するのに最も簡単なのは「接続詞」を使うことだ。because, as, since, now that, so..., and..,などを使えば「どうしてそうしたのか」が説明できる。
- 「国際線は初めてだったので…」
  → **Because** this was his first flight abroad....
- 「おおぜいの人が眠っているのを見たので…」
  → **As** he looked at so many people sleeping, ...
- 「彼は交通渋滞で到着が遅れそうだと思った。だから…」
  → He realized that a traffic jam was going to delay their arrival, **so** ...
- 「彼はパニックに陥った。だから…」
  → He panicked **and** ...
- 「彼はお金を持ってなかったので…」
  → **Since** he had no money, ...
- 「彼女はもうキャンディーをもらえなくなったので…」
  → **Now that** she couldn't get any more candy, ...

② 「慣用構文」パターン
中学英語でならった構文も捨てたもんじゃない。ちゃんと「理由」を説明できるのだ。

### so that 構文
「彼らはあまりに恋に夢中で、他人の存在に気付かなかった」
They became **so** emotionally attached **that** they didn't notice others.

### too...to 構文
「彼女はあまりに疲れていたので、料理を作らなかった」
She was **too** tired **to** cook for her family.

③ 「to 不定詞」パターン
「〜がわかりうれしい」→ be pleased **to find** that ...
「〜を見て驚く」→ be surprised **to see** ...
「〜をもらってうれしい」→ be happy **to get** ...

④ 「前置詞」パターン
「誘拐未遂のかどで」→ **for** attempted kidnapping
「ほっとして」→ **with relief**
「好奇心から」→ **out of curiosity**
「その事故のために」→ **due** to the accident


## 【知覚・伝達動詞】

① say グループ

| | | | |
|---|---|---|---|
| promise | （約束する） | boast | （自慢する） |
| predict | （予測する） | admit | （認める） |
| complain | （文句を言う） | insist | （言い張る） |
| deny | （否定する） | | |

② think グループ

| | | | |
|---|---|---|---|
| find | （発見する） | realize | （分かる） |
| hope | （望む） | notice | （気がつく） |
| fear | （恐れる） | imagine | （心に描く） |
| discover | （発見する） | | |

## 【語法をミスしやすい動詞】

1. complain of
2. explain to 人
3. scold 人 for -ing
4. thank 人 for -ing
5. be grateful to 人 for -ing
6. apologize to 人 for -ing

## 【英検面接官のウケがいい構文】

1. decide, promise, refuse, offer, expect, manage + to 不定詞
   - He promised to be more careful in the future.
2. ask, request, tell, order, force, permit, persuade + 目的語 + to 不定詞
   - She asked them to be quiet.
3. 疑問詞節
   - He wondered what had happened.
   - The children complained about how hungry they were.
   - They discussed what they could do to solve the problem.

# DAY 2

# Day 2

## ▶▶▶ POWER EXERCISES

> では、ＣＤを聞きながら問題カードのナレーションと質疑応答にチャレンジしてみよう。

### Card 2

You have **one minute** to prepare.

This story is about an American boy, Rick.
You have **two minutes** to narrate the story.

Your story should begin with the following sentence:
**One afternoon, an American boy, Rick, was riding the subway in Tokyo.**

1

2

3

4

## ▶▶▶ STORY HINTS

**1 主人公**：リック

**2 スターター**：ある午後、アメリカ人青年リックは東京で地下鉄に乗っていた

**3 コマ別チェックポイント**：
① シチュエーション（状況）
- 1コマ目→地下鉄の車内・広告・乗客の様子
- 2コマ目→座席のカバンと傘・リックの様子
- 3コマ目→改札口・リックと地下鉄職員の汗・カバンと傘
- 4コマ目→事務室らしき部屋・駅員たち

② アクション（動作）
- 1コマ目→地下鉄の中で広告や乗客を眺めているリック
- 2コマ目→カバンと傘を座席に忘れたままあわてて降りる
- 3コマ目→状況を地下鉄職員に身ぶり手振りで知らせる
- 4コマ目→カバンと傘が戻りほっとする

③ フィーリング（心理）
- 1コマ目→リック（冷静）・乗客（のんびり）
- 2コマ目→リック（パニック）
- 3コマ目→リック・駅員（困ったなあ）
- 4コマ目→リック・駅員（ニコニコ）

④ エンディング（結末）
　　地下鉄の列車にカバンと傘を忘れパニックのリック。でも親切な人たちのおかげで救われる。

# Day 2

4 **ストーリーパターン**：ハッピーエンドタイプ

5 **ストーリーテーマ**：忘れ物／外国人

ここまで頭に入れたところで、もう一度チャレンジしてみよう。

# ▶▶▶ POWER POINTS

## ▷ MODEL NARRATION Ⓐ

**One afternoon, an American boy, Rick, was riding the subway in Tokyo.** This was his first trip to Japan so everything was fascinating.  As he looked at so many people sleeping, he became sleepy himself.

Suddenly, he was jolted awake by an announcement that the train had arrived at the station he needed to get off at.  He panicked and fled from the train as fast as possible.

After the train left the station, he realized that he had left his bag and umbrella on the train.  He tried to communicate with a station employee, but as neither could speak the other's language, he had to use gestures and draw pictures.  This was very frustrating.

After a short time, the station attendant handed him his property, which had been collected by another subway employee.  Rick felt very relieved.

## ▷ VOCABULARY NOTES

- ◆ be jolted awake by 〜 = 〜ではっと目覚める
- ◆ flee from 〜 = 〜から急いで去る
- ◆ neither could 〜 = どちらも〜できない

# DAY 2

## ▷ TRANSLATION

　ある午後、アメリカ人青年リックは東京で地下鉄に乗っていた。日本への旅行は初めてだったので、何もかもがすばらしかった。多くの人が眠り込んでいるのを見て彼も眠くなった。

　突然自分の降りる駅に着いたというアナウンスではっと目覚めた。あわてた彼は全速力で列車から飛び降りた。

　列車が駅を出ると彼はカバンと傘を列車の中に置き忘れたことに気付いた。地下鉄職員に事情を伝えようとしたが、二人ともお互いの言葉を話せないので、彼は身振り手振りを使ったり、絵を描いたりしなければならなかった。とても骨が折れた。

　しばらくして、他の地下鉄職員たちが見つけて来た彼の持ち物を例の地下鉄職員が渡してくれた。リックはほっとした。

## ▷ MODEL NARRATION B

　**One afternoon, an American boy, Rick, was riding the subway in Tokyo.** Rick was a college student in Tokyo. He had just come to Tokyo last month and had started college two weeks before. He was not used to riding the subway yet.

　He attended three classes on that day and he was on his way home. He was really tired because during all the classes he had to use Japanese. The train got to his station and the door opened. Rick could not catch the announcement of the name of the station, but a few seconds later he realized that it was his station. He panicked and rushed out of the train.

After the train left, Rick realized that he had left his bag and umbrella on the train. He went to a station employee and told him what had happened. Rick asked for his help.

Rick went to the station office and waited for his bag and umbrella. Thirty minutes later the station employee came over. He brought Rick's bag and umbrella. He said that they were picked up at the next station. Rick was really happy to get them back. He thanked the station staff.

# Day 2

## ▶▶▶ Q&A

### No.1
**Q :** If you were Rick, what would you have said in the third picture?
　質　問：もしあなたがリックだったら、三つ目の絵で何と言ったと思いますか。

**A :** I would have said, "I left my bag and umbrella on the train. Is there anything you can do?"
　応答例：「電車にバックとカサを置き忘れました。何とかなりませんか」と言ったと思います。

### No.2
**Q :** What do you think Rick learned from this experience?
　質　問：リックはこの経験でどういう教訓を得たと思いますか。

**A :** I think he learned that he should be more careful when he get off the train.
　応答例：電車を降りるときは注意すべきだという教訓を得たと思います。

### No.3
**Q :** If you were a foreigner in Japan, what would you think about the signs and announcements in public places?
　質　問：もしあなたが日本に来ている外国人だとしたら、公共の場における表示やアナウンスについてどう思いますか。

**A :** I would think they're really insufficient. In most cases, except

in international airports, signs and announcements are only in Japanese.
  **応答例**：不充分だと思うでしょう。国際空港以外では、たいてい、表示やアナウンスは日本語だけですから。

## No.4

**Q**: Do you think people are honest enough to take items they find to the lost-and-found office?
  **質　問**：一般の人は正直に落とし物を遺失物取扱所に持っていくと思いますか。

**A(1)**: Yes.
**Q**: Why do you think so?
**A(1)**: I don't know about other countries, but, in Japan, if you lose something in a public place, it's almost certain that you can get it back.
  **応答例(1)**：他の国は知りませんが、日本で落とし物をしてもたいてい戻ってきます。

**A(2)**: No.
**Q**: Why do you think so?
**A(2)**: If you lose something in a public place, you should give up trying to get it back. Most people, when they find something, ignore it or just steal it.
  **応答例(2)**：もし落とし物をしたら、戻ってこないものとあきらめるべきです。たいていの人は、落とし物を見つけても無視するか自分のものにしてしまうからです。

# Day 2

## ▶▶▶ POWER SKILLS 感情表現には"合わせ技"が有効！

　話の骨格を組み立てるには、「誰が〜した」という文をコマの数だけ用意するといい。だが、それだけではストーリーという点では物足りない。花も実もあるカラフルな話に仕立て上げなければ他の受験者に差をつけることができない。そこで感情表現の出番だ。感情と言っても「良心の痛み」のような複雑な表現はお呼びじゃない。喜怒哀楽に毛の生えたパターンで十分間に合う。

| 感情表現 | 感情表現を膨らませる"合わせ技" |
|---|---|
| [喜 び]<br>glad, happy, delighted, overjoyed | **[happy]**<br>● Mr. Sato and the children laughed and shouted with joy.<br>● He smiled and jumped with joy. |
| [満 足]<br>pleased, satisfied | **[pleased]**<br>● He was pleased that he had done the right thing.<br>● She was satisfied that the problem had been solved. |
| [怒 り]<br>angry, furious, upset | **[angry]**<br>● The boss got angry. He started shouting. |
| [失 望]<br>sad, disappointed | **[sad]**<br>● She was sad. Her holiday was spoiled. |
| [心 配]<br>worried | **[worried]**<br>● He worried that he would be scolded. |
| [恥ずかしい]<br>embarrassed | **[embarrassed]**<br>● He was embarrassed. His face turned red. |
| [安 心]<br>relieved | **[relieved]**<br>● He sighed with relief. |
| [驚 き]<br>surprised | **[surprised]**<br>● He was surprised to find that 〜. |

# DAY 3

# Day 3

## ▶▶▶ POWER EXERCISES

では、ＣＤを聞きながら問題カードのナレーションと質疑応答にチャレンジしてみよう。

### Card 3

You have **one minute** to prepare.

This story is about a homemaker named Mrs. Yamada.
You have **two minutes** to narrate the story.

Your story should begin with the following sentence:
**On Monday, Mrs. Yamada went shopping at a large and busy supermarket with her daughter, Kao.**

55

## ▶▶▶ STORY HINTS

**1** **主人公**：山田さん

**2** **スターター**：山田さんは月曜日に娘のカオを連れて、にぎやかな大型スーパーマーケットへ買い物に行った

**3** **コマ別チェックポイント**：
①　シチュエーション（状況）
- 1コマ目→スーパー・野菜と果物・知り合いの奥さん・赤ちゃん
- 2コマ目→あやしげな男・キャンディー・カオちゃん・山田さんと知り合いの奥さん
- 3コマ目→スーパーの店長・カオちゃん・男
- 4コマ目→山田さん・カオちゃん・警察官・手錠・男

②　アクション（動作）
- 1コマ目→赤ちゃんを連れた近所の人に会い、おしゃべりを始める山田さん
- 2コマ目→怪しげな男がカオちゃんをキャンディーで引きつける・山田さんおしゃべりに夢中で気づかない
- 3コマ目→スーパーの店長が不審に思い、男を引き留める
- 4コマ目→男は警察に連行され、カオちゃんは無事山田さんに戻る

③　フィーリング（心理）
- 1コマ目→山田さん＆奥さん（あらまあ！）・カオちゃん（興味津々）
- 2コマ目→男（ニコニコ）・カオちゃん（わーい！）
- 3コマ目→店長（ちょっと待て！）・男（しまった！）

# DAY 3

- 4コマ目→山田さん（ああよかった）・カオちゃん（泣く）・警官（ニコニコ）・男（しまったなあ）

④ エンディング（結末）
　　自分の不注意から娘がさらわされそうになるが、ことなきを得る。安堵のあまり泣き出す山田さん

4 **ストーリーパターン**：「ハッピーエンド」タイプ

5 **ストーリーテーマ**：親としての責任／犯罪に巻き込まれる危険性


ここまで頭に入れたところで、もう一度チャレンジしてみよう。

# ▶▶▶ POWER POINTS

## ▷ MODEL NARRATION Ⓐ

**On Monday, Mrs. Yamada went shopping at a large and busy supermarket with her daughter, Kao.** While she was in the fruit and vegetable section, she saw one of her neighbors with a new baby. They chatted about babies. Kao felt bored so she went exploring.

A man saw Kao by herself and decided to offer her a piece of candy. Naturally, this made her very happy. Mrs. Yamada didn't notice Kao talking to the stranger.

The man told Kao that he had plenty more where that one came from and invited her to visit his house. As they were walking out of the store, the manager became suspicious and called to the man to stop.

The manager called the police and they arrived shortly thereafter to arrest the man for attempted kidnapping. Mrs. Yamada was crying with relief. Kao was sorry she couldn't get any more candy.

## ▷ VOCABULARY NOTES

◆ go exploring＝きょろきょろ歩き回る
◆ suspicious＝疑い深い
◆ attempted kidnapping＝誘拐未遂

## ▷ TRANSLATION

# DAY 3

　ある月曜日、山田さんは娘のカオちゃんを連れてにぎやかな大型スーパーマーケットへ買い物に行った。野菜・果物売り場にいると、生まれたばかりの赤ちゃんを連れた近所の奥さんに会った。二人は赤ちゃんの話を始めた。カオちゃんはつまらなくなり、きょろきょろと店内を歩き始めた。

　一人の男がカオちゃんが一人でいるのを見てキャンディーを差し出した。もちろんカオちゃんはとても喜んだ。山田さんは見知らぬ人とカオちゃんが話しているのに気付かなかった。

　その男はカオちゃんにもっとたくさんキャンディーがあるから家に来ないかと誘った。彼らが店を出ようとすると、スーパーのマネージャーが不審に思い男を呼び止めた。

　マネージャーが警察に電話をすると、間もなく警官が到着しその男を誘拐未遂で逮捕した。山田さんはほっとして泣いてしまった。カオちゃんはもうキャンディーをもらえなくなったことが残念だった。

## ▷ MODEL NARRATION B

**On Monday, Mrs. Yamada went shopping at a large and busy supermarket with her daughter, Kao.** In the fruit and vegetable section, Mrs. Yamada met a neighbor.

The neighbor was holding a baby in her arms. They began to talk. Kao began to walk around the store, but Mrs. Yamada was not aware that Kao was getting away from her.

When Kao was walking around, a man came and talked to her. He had a beard, but didn't look scary. He showed her a lollipop.

He said to her, "Here's a lollipop. It's sweet. Come with me, and you'll get more."

As the man was leaving the store with Kao, the manager stopped him. The manager asked him a couple of questions, but the man could not answer them. The manager thought that he was trying to kidnap the little girl, so he called the police.

The police came right away and arrested the man. Mrs. Yamada got her daughter back. Kao cried a lot in her mother's arms because she had been scared.

# Day 3

## ▶▶▶ Q&A

### No.1

**Q**: If you were the manager at the supermarket, what would you have said to the stranger in the third picture?

　質　問：もしあなたがスーパーのマネージャーだったら、三つ目の絵で見知らぬ男に何と言ったと思いますか。

**A**: I would have said, "Are you the father of that girl? Tell me her name, age, and address."

　応答例：「あなたはこの女の子の父親ですか。お嬢さんの名前、年齢、住所を言って下さい」と言ったでしょう。

### No.2

**Q**: What do you think Mrs. Yamada learned from this experience?

　質　問：山田さんはこの経験から何を学んだと思いますか。

**A**: I think she learned that she should be more careful watching her child.

　応答例：子供から目を離さないようにもっと気を付けるべきだという教訓を得たと思います。

### No.3

**Q**: What do you think about parents who leave their children unattended?

　質　問：子供を放っておく親のことをどう思いますか。

**A(1)**: I think these days parents have to watch their children at all times. There are too many suspicious people around.

応答例(1)：このごろは、親はいつも子供から目を離さないようにしないといけないと思います。怪しい人が多すぎますから。
**A(2)**：It's hard for busy parents to watch their children every moment.
　　　応答例(2)：忙しい親にとって、四六時中子供から目を離さずにいるのは難しいです。

# No.4

**Q**：Do you think Japan is still a safe country?
　　質　　問：日本はまだまだ安全な国だと思いますか。
**A(1)**：Yes.
**Q**：Why do you think so?
**A(1)**：I think that the crime rate in Japan is lower than in other developed countries
　　　応答例(1)：日本の犯罪発生率は他の先進国と比べて低いと思います。

**A(2)**：No.
**Q**：Why do you think so?
**A(2)**：I think Japan is not safe anymore, because Japanese society is changing a lot, and a lot of unusual crimes are being reported these day.
　　　応答例(2)：日本はもはや安全ではないと思います。日本社会はどんどん変わっていますし、最近、異常な犯罪が次々に報道されています。

# DAY 3

## ▶▶▶ POWER SKILLS　シグナル語をコマとコマの間にはさめ！

　ストーリーを作る時の意外な落とし穴は場所や時間に関する表現だ。絵を説明するのに精一杯で、場所や時間の変化をつけ忘れてしまうのは無理もない。言ってる本人は十分なつもりでも、話を聞いている方はどうも流れが分かりづらいということは、日本語で話していてもよく起こりうる。英語ならなおさら意識してストーリーが伝わるよう努力する必要がある。

　心がけとしては、マンガを見ていない人にも話が伝わるように配慮すること。ラジオで話しているつもりでやるといい。具体的には、話の交通整理をするための語句を要所要所で使って話を見えやすくすることだ。特にコマとコマとの間で場所の移動や時間の経過があった場合は欠かせない。「行間を読め」とはよく言われるが、行間ならぬ「コマ間」を読むことで合格をグイッと引き寄せることができる。

### 【場面の変化】
　　　Inside the house, On the way home, On the way to school,
　　　On the way to the office

### 【時間の変化】

| | |
|---|---|
| 序　盤 | At first |
| 中　盤 | Next, After that, Then, Afterwards, Later |
| 終　盤 | Eventually, At last, Finally, In the end |
| 同時進行 | At that very moment, Meanwhile, In the meantime |
| すぐ後 | Just then, Soon, Immediately, Right away, After a while |
| 少し後 | Later that day, But later at the hotel, A few hours have passed, and |
| 次の日以降 | The next day, A few days later |

【急展開】
> But there was one big problem.
> But then, something terrible happened.
> Unfortunately, However

【案の定】
> And sure enough, As a result

# Part 2

## Card 4 - Card 5
### （さあ、助走だ！）

　Part 2では、ストーリーヒントの中で最低必要な情報 **3** コマ別チェックポイントの ②「アクション」（動作）が空欄になっている。Part 1と同様に、自分のナレーションに自信のない人はストーリーヒントを参考にもう一度トライしよう。その際、英語で空欄を埋め「英語で考える」習慣をつけよう。

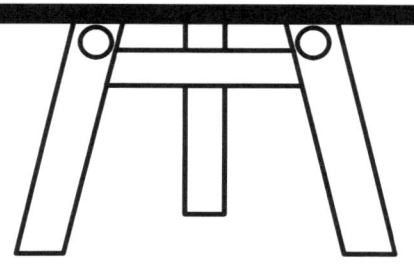

# DAY 4

# Day 4

## ▶▶▶ POWER EXERCISES

### Card 4

You have **one minute** to prepare.

This story is about a young woman named Satomi.
You have **two minutes** to narrate the story.

Your story should begin with the following sentence:
**Satomi was very busy volunteering every day.**

## ▶▶▶ STORY HINTS

**1** **主人公**：サトミ

**2** **スターター**：サトミは、毎日ボランティアでとても忙しかった

**3** **コマ別チェックポイント**：

① シチュエーション（状況）
- 1コマ目→場所・曜日・新聞・お年寄り
- 2コマ目→曜日・車椅子
- 3コマ目→曜日・室内・ソファ・サトミ・子供たち
- 4コマ目→垂れ幕・女性たち・サトミの持っているリスト

② アクション（動作）
　　1コマ目→（　　　　　　　　　　　　　　　　　　）
　　2コマ目→（　　　　　　　　　　　　　　　　　　）
　　3コマ目→（　　　　　　　　　　　　　　　　　　）
　　4コマ目→（　　　　　　　　　　　　　　　　　　）

③ フィーリング（心理）
　　1コマ目→サトミ（やりがいがある）・お年寄り（ニコニコ）
　　2コマ目→サトミ＆老人（ニコニコ）
　　3コマ目→サトミ（へとへと）・子供たち（おなかすいたよお！）
　　4コマ目→サトミ＆女性たち（はりきり）

④ エンディング（結末）
　　はりきりすぎて家族に迷惑をかけたサトミは「ボランティアサービスクラブ」を結成して問題解決。

# Day 4

4 **ストーリーパターン**：「ハッピーエンド」タイプ

5 **ストーリーテーマ**：ボランティア活動

ここまで頭に入れたところで、もう一度チャレンジしてみよう。

# ▶▶▶ POWER POINTS

## ▷ MODEL NARRATION Ⓐ

**Satomi was very busy volunteering every day.** She loved to be helpful. On Mondays, she read newspapers to the elderly folks at the retirement home. They were delighted by her presence.

On Tuesdays, she took physically-challenged people for a day trip in the sun because they couldn't get outside often. They really looked forward to their trips.

By Sundays she was so exhausted, she couldn't be bothered getting off the couch to cook lunch for her kids. They were starving!

After a lot of careful thought, Satomi decided she needed help to carry out all of her volunteering activities. She had to find time to help her own family, too. So she organized a volunteer club and many of her friends and neighbors came to sign up. By sharing the load, no one became exhausted and everyone felt they were helping the community. Satomi's kids got to eat lunch on Sundays, too!

## ▷ VOCABULARY NOTES

- ◆ retirement home=老人ホーム
- ◆ couldn't be bothered 〜-ing=疲れて〜する元気がない

# DAY 4

## ▷ TRANSLATION

　サトミは毎日ボランティア活動で忙しかった。彼女は人の世話が好きだった。月曜日は、老人ホームの入居者に新聞を朗読した。彼女が来るとみんなは喜んだ。

　火曜日は、身体障害者を日帰りの外出に連れて行った。みんなはいつも外に出られるわけではないから。みんな小旅行をすごく楽しみにしている。

　日曜日までには、彼女はへとへとに疲れてしまい、ソファから起きて子供にご飯を作る気にもなれない状態だった。子供たちはお腹がペコペコだ。

　どうしたものかと考えたのち、サトミがボランティア活動を行うには、手伝ってくれる人が必要だとの結論に達した。彼女は自分の家族の世話のためにも時間を作る必要があったのだ。そこで彼女はボランティアの会を結成したところ、多くの友人たち、近所の人たちが登録してくれた。役割の分担をすることで、疲れ果てる人はいなかったし、みんながコミュニティに役立っていることを実感できた。サトミの子供たちも日曜日に昼ご飯にありつくことができた。

## ▷ MODIL NARRATION B

**Satomi was very busy volunteering every day.** On Monday, she went to the nursing home to read newspapers and books to the senior citizens. They had eye problems, so they couldn't read by themselves. They were really happy to have Satomi visit.

　On Tuesday, Satomi walked a man in a wheelchair in the park. He enjoyed the fresh air. Satomi did lots of other volunteer activities during the week. She knew that people appreciated her help.

On Sunday, Satomi was really exhausted. She was so tired that she couldn't cook dinner for her family. Her family all complained that she spent too much time doing volunteer work. Satomi had to change the way she volunteered.

Satomi got an idea. The idea was to organize a "volunteer service club"! She asked some neighbors and friends to join the club. By the next Sunday, she had five volunteers. They got together to talk about how to share the volunteer work. Each member promised to do volunteer work once a week. Now Satomi spends more time with her family.

# Day 4

## ▶▶▶ Q&A

### No.1

**Q** : If you were one of Satomi's children, what would you have said to Satomi in the third picture?
　　質　問：あなたがサトミの子供の一人だったら、三つ目の絵でサトミに対して何と言ったと思いますか。

**A** : I would have said to her, "Mom, cook dinner for us. We are starving!"
　　応答例：「お母さん、夕食作ってよ。私達、おなかペコペコ」と言ったと思います。

### No.2

**Q** : What do you think Satomi learned from this experience?
　　質　問：サトミはこの経験から何を学んだと思いますか。

**A** : I think she learned how she can manage to keep house and do volunteer work at the same time.
　　応答例：どうすれば家事とボランティアを両立できるかを学んだと思います。

### No.3

**Q** : What do you think of volunteering?
　　質　問：ボランティアについてどう思いますか。

**A** : I think volunteering is important to help people who need help. And also it's personally rewarding.
　　応答例：ボランティアは、助けの必要な人々の手伝いをするために大切なことです。また、個人的にもやりがいのあることです。

## No.4

**Q**: Do you think everybody should be involved in some kind of volunteering?
　　**質　　問**：誰もが皆何らかのボランティアに従事するべきだと思いますか。

**A(1)**: Yes.

**Q**: Why do you think so?

**A(1)**: I think we should not expect the government do everything. We should have a smaller government, and everybody in society should help each other.
　　**応答例(1)**：政治に何もかも期待すべきではないし、私たちは小さな政府を持たねばなりません。社会の中で人はみなお互いに助け合わなければなりません。

**A(2)**: No.

**Q**: Why do you think so?

**A(2)**: I think people who have lots of free time can get involved in volunteering. But busy people like me don't have any time to do volunteer work.
　　**応答例(2)**：自由な時間のある人はボランティアに参加できるでしょうが、私のように忙しい人間にはボランティアワークをする時間は全然ありません。

# DAY 4

## ▶▶▶ STORY HINTS

② アクション（動作）
- 1コマ目→（Satomi reading a newspaper to the elderly folks at a nursing home）
- 2コマ目→（Satomi helping physically-challenged people to go out）
- 3コマ目→（Satomi being too exhausted to cook for her kids）
- 4コマ目→（Satomi organizing a volunteer service club）

## ▶▶▶ POWER SKILLS　イラストの技法と表現をリンクしろ！

　マンガにはマンガの作法がある。マンガ特有の表現方法に目をつけることで合格力は一挙に倍増する。例えば眉の形、フキダシの形はストーリーを理解するための助けになるわけだが、それだけでは不十分だ。マンガの技法を英語の表現に確実に結びつけておかないと、とっさに英語は出てこないものだ。過去の準1級に出題されたイラスト表現から使用頻度ベスト8をセレクトし、それぞれに対応する英語を紹介した。1分間の準備時間はあわてず騒がず。四つのコマにちりばめられたイラスト技法を見て、反射的に表現を出せれば言うことはない。

## 【イラストの技法別表現】

● 人差し指
　指をさして注意を呼びかけている場合に使う。この後、He said〜と処理する。
　　⬇
　　pointed to [at]

● 人差し指＋空気
　指をさしながら、頭から空気のような物を出している。
　　⬇
　　scolded
　　got angry
　　was furious

● 開き口＋セリフ用フキダシ
　口を開いて何かを訴えている。
　　⬇
　　complained
　　explained

# Day 4

- 下がり眉＋心理用ふきだし
  違うパターンのフキダシで心の動きを表現している。眉が下がっているので不安な気持ち。
  ⬇
  　was afraid that

- 下がり眉＋汗
  汗をかきながら動揺している様子。オチに多いパターン「〜するハメになる」という end up -ing にもっていく。
  ⬇
  　was embarrassed
  　ended up -ing

- 上がり眉＋心理用フキダシ
  弓なりの眉は楽しい気分を、フキダシでは将来の姿をイメージしている。
  ⬇
  　imagined oneself
  　thought how nice ─ easy it
  　would be to

- 上がり眉＋開き口
    みんなが楽しく笑っている時は「いいことをした」というパターンが多い。
    ⬇
    was glad / happy
    was proud of oneself

- 笑顔＋三本線
    頭の上の三本線と表情で、いい考えが浮かんだことを表している。
    ⬇
    had an idea

# DAY 5

# Day 5

## ▶▶▶ POWER EXERCISES

### Card 5

You have **one minute** to prepare.

This story is about a high school student named Masahiro.
You have **two minutes** to narrate the story.

Your story should begin with the following sentence:
**Masahiro was always very happy when he could play the guitar.**

## ▶▶▶ STORY HINTS

**1** **主人公**：マサヒロ

**2** **スターター**：マサヒロはギターを弾ければいつでもとても幸せだった

**3** **コマ別チェックポイント**：
① シチュエーション（状況）
- 1コマ目→マサヒロの自室・エレキギター・ミュージシャンになる夢
- 2コマ目→居間・父親・息子への期待
- 3コマ目→居間・マサヒロ・父親・口論
- 4コマ目→マサヒロ荷物をまとめて出ていく・父親の怒り

② アクション（動作）
- 1コマ目→(                                    )
- 2コマ目→(                                    )
- 3コマ目→(                                    )
- 4コマ目→(                                    )

③ フィーリング（心理）
- 1コマ目→マサヒロ（楽しい）
- 2コマ目→父親（自己満足）
- 3コマ目→マサヒロ＆父親（プンプン）
- 4コマ目→マサヒロ＆父親（プンプン）

④ エンディング（結末）
ロックスターになるのを夢見ていたマサヒロだが、父親と意見が合わず大ゲンカ。世代の断絶（generation gap）か？

# Day 5

4 **ストーリーパターン**：「アンハッピーエンド」タイプ

5 **ストーリーテーマ**：親子関係／子供の将来の進路

　ここまで頭に入れたところで、もう一度チャレンジしてみよう。

## ▶▶▶ POWER POINTS

### ▷ MODEL NARRATION Ⓐ

**Masahiro was always very happy when he could play the guitar.** He desperately wanted to be a rock star. He thought about it all the time and practiced hard every day. He dreamed of being famous!

But his father was worried. His father was ambitious for his son to attend Tokyo University and from there, graduate to a top job with the Ministry of Finance. His father knew that to get on in this world, one needs to go to a good university.

Masahiro wouldn't listen to his father. He couldn't care less about "getting on in this world," as his father put it. They argued frequently and both became hot-tempered.

One day, the fighting between them became so intense that Masahiro angrily stormed out of the house. His father said, "Don't come back until you learn about responsibility!" Masahiro replied, "I'm not coming back until you learn to let me be ME!"

### ▷ VOCABULARY NOTES

- ◆ desperately=どうしても
- ◆ graduate to=「学業を終え職に就く」graduateを使うことで将来が約束されたような職に就くというニュアンスがでる。
- ◆ get on in this world=成功する、出世する
- ◆ couldn't care less=didn't care at all
- ◆ storm out=飛び出す

# Day 5

## ▷ TRANSLATION

　マサヒロはギターさえ弾いていればいつもごきげんだった。彼はどうしてもロックスターになりたかった。いつもそのことだけを考え、毎日必死で練習した。彼は有名になることを夢見た。

　だが、彼の父は心配だった。彼の父は、息子に東大に行って大蔵省で高級官僚になって欲しかった。彼の父は知っていた。出世するにはいい大学に行く必要があると。

　マサヒロは父の意見に耳を貸さなかった。彼にとって、父の言う「出世」なんてどうでもいいことだった。いつも二人は口論し、腹を立てた。

　ある日、二人は激しく言い争い、マサヒロは怒って家を飛び出した。父は言った、「おまえみたいな無責任な奴はこの家にはいらない！」。マサヒロは言い返した、「俺を認めてくれないんだったら、こんな家には戻るか！」

## ▷ MODEL NARRATION B

　**Masahiro was always very happy when he could play the guitar.** He really wanted to become a professional musician. He was a high school student, but didn't like to go to school. He practiced the guitar all the time, every day.

　Masahiro's father wanted Masahiro to go to Tokyo University and then work at the Ministry of Finance. Masahiro's father thought that it would be best for Masahiro to become a government employee.

One day, Masahiro and his father were arguing about Masahiro's future. Masahiro insisted that he wanted to practice the guitar to become a musician. Masahiro's father didn't agree. He said, "Do you really think you can be a professional musician? That's only a dream. You should be more realistic. Stop playing the guitar and study for the college entrance exams."

At last, Masahiro gave up trying to persuade his father. He said, "I will leave the house and live by myself. Good-bye, Dad." His father was still angry and said, "That's fine. Get out of here." Masahiro left the house with his guitar and some clothes.

# Day 5

## ▶▶▶ Q&A

### No.1

**Q**: If you were Masahiro, what would you have said to your father in the third picture?
　質　問：もしあなたがマサヒロだったら、三つ目の絵で、父親に何と言ったでしょう。

**A**: I would have said to him, "I really want to be a musician. I don't want to go to college."
　応答例：「どうしてもミュージシャンになりたいんだよ。大学なんかいかないよ」と言ったと思います。

### No.2

**Q**: What do you think Masahiro's father should do to solve the problem in the last picture?
　質　問：マサヒロの父親は、最後の絵に描かれたトラブルを解決するためにどうすればよいと思いますか。

**A(1)**: I think he should wait a while, and then talk to Masahiro again to try to persuade him.
　応答例(1)：少し時間をおいてから、マサヒロともう一度話してみて説得するようにしたらいいと思います。

**A(2)**: I think he should take it easy, because Masahiro has proved that he has become independent, and he does not need his parents' assistance anymore, which is really nice.
　応答例(2)：気楽に考えた方がいいと思います。マサヒロに独立心ができ、親の援助を必要としなくなったのですから。

## No.3

**Q**: What do you think about family relationships in Japan?
　　質　問：日本における家族関係についてどう思いますか。
**A**: I think the family relationships in Japan are facing a crisis. Parents don't have enough self-confidence to raise their children, and children don't respect their parents.
　　応答例：日本の家族関係は危機に瀕していると思います。親は子育てに自信を持っていないし、子供は親を尊敬していません。

## No.4

**Q**: Do you think it's best for perents to direct their children's futures?
　　質　問：親が子供の将来を決めるのが一番よいと思いますか。
**A(1)**: Yes.
**Q**: Why do you think so?
**A(1)**: I think that parents have more experience and should direct their children's futures.
　　応答例(1)：親の方が人生経験があり、子供の将来を決めるべきだと思います。

**A(2)**: No.
**Q**: Why do you think so?
**A(2)**: I think parents should listen to the desires and ambitions of their children, and give them advice as parents. And then, parents should let their children decide their futures by themselves.
　　応答例(2)：親は子供の希望や夢をよく聞き、親としてのアドバイスをするべきでしょう。その上で、子供に自分で将来を決めさせるのがいいと思います。

# DAY 5

## ▶▶▶ STORY HINTS

② アクション（動作）
- 1コマ目→（Masahiro practicing the guitar and dreaming of being a popular musician）
- 2コマ目→（His father wanting him to go to Tokyo University and work at the Ministry of Finance）
- 3コマ目→（Masahiro and his father arguing about Masahiro's future）
- 4コマ目→（Masahiro leaving the house with his guitar and his bag）

## ▶▶▶ POWER SKILLS　　決めゼリフで臨場感！

　カードによっては、必要な情報を全て盛り込んでも1分位で短く終わってしまうことがある。満ち足りたような、きまりの悪いような変な気分だ。怒ったり、文句を言ったりのよくある状況では、登場人物にセリフを言わせてみるのも引き延ばし工作に使える手だ。ナレーションは模範解答を見ても基本的にはセリフを使わない説明的な作りだが、だからこそ喝を入れる意味でもセリフを使ってみてはどうだろうか。ただし、中途半端はいけない。感情移入して、少し大げさなくらいで丁度いい。

- 食事の前　　　　　It's been a while since I had a nice meal.
　　　　　　　　　（長いこと、ろくな物食べてないなぁ）

- 食事の後　　　　　It's more expensive than I expected.  Thank God I brought my credit card.
　　　　　　　　　（思ったより高いな。カード持ってきてよかった）

- ボス(妻)の怒り　　You still don't get the point.  How many times do I have to repeat myself to get it across?
　　　　　　　　　（まだ分かっていないようだね。いったい、何度言ったら分かるんだね）

- 遅刻に対して　　　You came in late again.  You must be overdoing the night life.
　　　　　　　　　（また遅刻かね。夜遊びのしすぎじゃないのかい）

- 提案に対して　　　Hmm ... that's a good point.  I guess you do get wiser as you get older.
　　　　　　　　　（フーン、いいこと言うね。だてに年はとってないね）

- 帰りの遅い夫(妻)に　Why didn't you call and tell me you'd be home late?
　　　　　　　　　（どうして電話して遅くなるって言ってくれないの）

　　返し技　➡　Don't make such a big deal out of it.  I was too busy.
　　　　　　　　　（そんなに大騒ぎしないでくれ。忙しかったんだ）

# Day 5

- 夫への皮肉　　Men can always think of an excuse to go out drinking or something.
（男の人は何かと理由作っては飲みに行けていいわね）

　　返し技　➡　Don't be silly. It's part of my job to go out with people.
（何言ってんだ。付き合いも仕事のうちなんだよ）

# Part 3

## Card 6 - Card 7
### （いよいよ離陸だ）

　さあ、いよいよ「仕上げ」の段階だ。このパートでストーリーヒントは全て空欄になっている。自信がなく、もう一度トライする人はこれらの空欄を英語で埋めながら、自分のナレーション作りを完成させよう。ストーリーヒントはあくまでモデルにすぎない。1分間を有効に活用するコツをつかめれば合格まちがいなし。

# DAY 6

# Day 6

## ▶▶▶ POWER EXERCISES

### Card 6

You have **one minute** to prepare.

This story is about a young couple.
You have **two minutes** to narrate the story.

Your story should begin with the following sentence:
**Atsuko and Yoshi were planning their wedding.**

## ▶▶▶ STORY HINTS

**1** 主人公： Atsuko and Yoshi

**2** スターター： Atsuko and Yoshi were planning their wedding.

**3** コマ別チェックポイント：
　①シチュエーション（状況）
　　　● 1コマ目→「　　　　　　　　　　　　　　　　　」
　　　● 2コマ目→「　　　　　　　　　　　　　　　　　」
　　　● 3コマ目→「　　　　　　　　　　　　　　　　　」
　　　● 4コマ目→「　　　　　　　　　　　　　　　　　」

　②アクション（動作）
　　　● 1コマ目→（　　　　　　　　　　　　　　　　　）
　　　● 2コマ目→（　　　　　　　　　　　　　　　　　）
　　　● 3コマ目→（　　　　　　　　　　　　　　　　　）
　　　● 4コマ目→（　　　　　　　　　　　　　　　　　）

　③フィーリング（心理）
　　　● 1コマ目→「　　　　　　　　　　　　　　　　　」
　　　● 2コマ目→「　　　　　　　　　　　　　　　　　」
　　　● 3コマ目→「　　　　　　　　　　　　　　　　　」
　　　● 4コマ目→「　　　　　　　　　　　　　　　　　」

　④エンディング（結末）
　　　（　　　　　　　　　　　　　　　　　　　　　　）

# DAY 6

4 ストーリーパターン：（　　　　　　　　　　　　　　　）

5 ストーリーテーマ：（　　　　　　　　　　　　　　　）

# ▶▶▶ POWER POINTS

## ▷ MODEL NARRATION Ⓐ

**Atsuko and Yoshi were planning their wedding.** They were discussing this over a lovely dinner. They were deeply in love.

At the end of the dinner, they decided to go for a leisurely stroll around town to talk a little more. They felt wonderful!

As they both lived at home with their parents and neither of them had a car, they didn't have many options for places to get some privacy. It was their habit to have a kiss and cuddle behind the pillars inside the subway system. The people going through the ticket wickets didn't pay any attention to them and frankly, Atsuko and Yoshi couldn't care less about anybody watching them.

However, when Atsuko and Yoshi started to kiss on the subway train, they overstepped the line of what is acceptable public behavior. Everybody cared about this... except Atsuko and Yoshi.

## ▷ VOCABULARY NOTES

- ◆ over a lovely dinner= すばらしいディナーを楽しみながら
- ◆ stroll= ぶらぶら歩く
- ◆ cuddle= 抱擁する
- ◆ subway system= 地下鉄
- ◆ ticket wicket= 改札口
- ◆ overstep the line of= 〜の限界、限度を越える

# Day 6

## ▷ TRANSLATION

　アツコとヨシは結婚の計画を立てていた。彼らはすばらしいディナーを楽しみながら話し合っていた。彼らは愛しあっていた。

　ディナーの終わりに、街をぶらぶら歩きながらもっと話し合おうということになった。最高の気分だった。

　二人とも両親と同居で、車もないので、二人きりになる場所はあまりなかった。いつも彼らは地下鉄の構内の柱の陰で抱きあいキスする習慣だった。改札を通る人たちは二人に注意を払わなかったし、アツコとヨシは誰が見てようがお構いなしだった。

　でも、アツコとヨシが地下鉄の電車の中でキスを始めたのはやりすぎだった。アツコとヨシを除く周りのみんなは不愉快な思いをした。

## ▷ MODEL NARRATION B

**Atsuko and Yoshi were planning their wedding.** At six o'clock, they were eating dinner at a restaurant. They were talking about their wedding — the ceremony in a chapel, fancy wedding dresses, and things like that.

Later, at seven o'clock, Atsuko and Yoshi left the restaurant. Yoshi had his arm around Atsuko's shoulders, and he was saying sweet things to her all the way to the station.

Thirty minutes later, they got to the station. They didn't want to say good-bye, so they stayed in the corner, hugging and kissing for a long time.

Thirty minutes later, they got on the train. It was crowded in the train, but they didn't care. They hugged and kissed. The people around them were really annoyed at Atsuko and Yoshi's behavior. They thought that even lovers should not behave that way in public. Atsuko and Yoshi were not aware of the other passengers' reaction. They were so in love.

# DAY 6

## ▶▶▶ Q&A

### No.1
**Q** : If you were Yoshi, what would you have said to Atsuko in the first picture?
　質　問：もしあなたがヨシだったら、一つ目の絵でアツコに何と言ったと思いますか。

**A** : I would have said to her, "Why don't we have a wedding ceremony in a chapel. It would be really great."
　応答例：「教会で結婚式をあげようか。すばらしいと思うよ」と言ったと思います。

### No.2
**Q** : What do you think Yoshi learned from this experience?
　質　問：ヨシはこの経験からどんな教訓を得ましたか。

**A** : I think he learned that kissing in public places embarrases people, so he shouldn't do that.
　応答例：公衆の面前でキスするのは人の迷惑になるので、すべきでないことを知ったと思います。

### No.3
**Q** : What do you think of public displays of affection by young couples?
　質　問：若いカップルが人前で愛情を表現することについてどう思いますか。

**A(1)** : I think public displays of affection embarrass most Japanese people. It's regarded as rude, and society doesn't accept it.
　応答例(1)：人前で愛情を表現するのを見ると大方の日本人は不快

に思います。礼儀を知らないと見做され、社会には受け入れられません。

**A(2)** : I think there's nothing wrong with them. It's nice to see young couples in love.

応答例(2)：なにも悪いことはないと思います。愛し合う若いカップルを目にするのはステキなことです。

# No.4

**Q** : Do you think Japanese young people now are ruder than young people in the past?

質　問：今の日本の若者は、昔の若者と比べて礼儀を知らないと思いますか。

**A(1)** : Yes.

**Q** : Why do you think so?

**A(1)** : I think parents don't discipline their children, and schools don't take responsiblity for moral education. That's why more young people have become rude and impolite.

応答例(1)：親は子供のしつけをしないし、学校は責任を持って道徳教育をしていません。若い人たちが礼儀を知らないのはそのせいです。

**A(2)** : No.

**Q** : Why do you think so?

**A(2)** : I think young people always seem rude and impolite from the older generation's point of view. Even fifty or a hundred years ago, older people complained that the younger generation was rude and impolite.

応答例(2)：上の世代から見れば、若い人はいつの時代も礼儀知らずに見えるのだと思います。五十年いや百年前でも若い世代は礼儀を知らんと年寄りは言っていたでしょう。

# DAY 6

### ▶▶▶ STORY HINTS

②アクション（動作）
- １コマ目→（Atsuko and Yoshi meeting at a nice restaurant for dinner, discussing marriage）
- ２コマ目→（Atsuko and Yoshi, in love, leaving the restaurant）
- ３コマ目→（Atsuko and Yoshi kissing behind a column in the train station）
- ４コマ目→（People reacting to Atsuko and Yoshi's public display of affection）

### ▶▶▶ POWER SKILLS　　四大コンビネーション

　過去の出題を吟味すると、ストーリー展開に一定のパターンがあることがわかる。状況は、家族のレジャー体験、会社でのひとコマ、街頭でのハプニングの３タイプに分けられる。それぞれの状況で社会問題を巧みに取り入れた出題になることが多いのだが、ストーリーの大筋は非常に似通っている。Instruction でも紹介したように、落ちはハッピーに終わるか、アンハッピーに終わるかの二通りしかない。また途中の展開では誰か（ボスか母親が多い）の怒りが爆発するか、主人公が機転を利かせて行動し、事態が良くなることが多い。これに目を付けて、代表的な情景を描写するためのコンビネーション・プレイを開発してみた。マスターすれば最強の武器となることを保証する。

## 【ボスの怒り3段活用】
1. The boss got angry.
2. He started shouting.
3. He said, ＋ ［セリフ］．

## 【〈ヒラメキ→行動〉の3点セット】
1. He wondered what he should do.
2. Then he had an idea.
3. He decided to ....
   He suggested that ....

## 【ハッピー落ちの3点セット】
1. say 'thank you' to
2. do the right thing
3. be proud of oneself, happy

## 【アン・ハッピー落ちの3点セット】
1. He/She was embarrassed.
2. All he/she could do was to ....
3. He/She couldn't believe it.

# DAY 7

# DAY 7

## ▶▶▶ POWER EXERCISES

### Card 7

You have **one minute** to prepare.

This story is about Mr. Kitamura and his family.
You have **two minutes** to narrate the story.

Your story should begin with the following sentence:
**Last Sunday, at 5 a.m., Mr. Kitamura and his family were getting ready to go skiing.**

## ▶▶▶ STORY HINTS

**1** 主人公： Mr. Kitamura

**2** スターター： Last Sunday, at 5:00 a.m., Mr. Kitamura and his family were getting ready to go skiing.

**3** コマ別チェックポイント：
　①シチュエーション（状況）
　　● 1コマ目→「　　　　　　　　　　　　　　　　」
　　● 2コマ目→「　　　　　　　　　　　　　　　　」
　　● 3コマ目→「　　　　　　　　　　　　　　　　」
　　● 4コマ目→「　　　　　　　　　　　　　　　　」

　②アクション（動作）
　　● 1コマ目→（　　　　　　　　　　　　　　　　）
　　● 2コマ目→（　　　　　　　　　　　　　　　　）
　　● 3コマ目→（　　　　　　　　　　　　　　　　）
　　● 4コマ目→（　　　　　　　　　　　　　　　　）

　③フィーリング（心理）
　　● 1コマ目→「　　　　　　　　　　　　　　　　」
　　● 2コマ目→「　　　　　　　　　　　　　　　　」
　　● 3コマ目→「　　　　　　　　　　　　　　　　」
　　● 4コマ目→「　　　　　　　　　　　　　　　　」

　④エンディング（結末）
　　　（　　　　　　　　　　　　　　　　　　　　）

# DAY 7

4 ストーリーパターン：（　　　　　　　　　　　　　　　　）

5 ストーリーテーマ：（　　　　　　　　　　　　　　　　）

# ▶▶▶ POWER POINTS

## ▷ MODEL NARRATION A

**Last Sunday, at 5 a.m., Mr. Kitamura and his family were getting ready to go skiing.** They were so excited because it was their first family trip for a year!

By 8 a.m., the Kitamuras were stuck in heavy traffic. Unfortunately, thousands of other families had the same idea. The roads to the ski slopes were jammed with cars. They felt frustrated.

By 9 a.m., it had become clear to Mr. Kitamura that the ski trip had to be called off. They had been in the car for four hours and hadn't even left their own prefecture. He suggested a trip to the local indoor swimming pool instead. The kids thought that maybe this wasn't such a bad alternative.

His kids were just as happy with this idea and so everyone had a great time at the pool. Mr. Kitamura was just happy to have some quality time with his kids.

## ▷ VOCABULARY NOTES

- ◆ be stuck in heavy traffic＝交通渋滞で動けなくなる
- ◆ the roads to the ski slopes＝ゲレンデまでの道路…ゲレンデは英語ではないので注意。
- ◆ be jammed with cars＝車でいっぱいになる
- ◆ call off～＝～を中止する…「～を延期する」なら put off～ となる。
- ◆ alternative＝代案
- ◆ some quality time＝価値ある中身の濃い時間

# Day 7

## ▷ TRANSLATION

　先週の日曜日の5時に、北村さんと家族はスキーに行く用意をしていた。彼らは興奮していた。というのは、もう一年も家族で出かけていなかったからだ。

　8時には、北村家は渋滞につかまった。不幸にも何千もの家族がスキーに行こうと思っていたからだ。スキー場への道は車で一杯だった。彼らはがっかりだった。

　9時には、北村には、スキー旅行を中止しなければならないことがはっきりした。4時間も車に乗っているのに、まだ住んでいる県から出ていなかった。彼は代わりに地元の室内プールへ行くことを提案した。子供たちはそれも悪くないなと納得した。

　子供も喜んだし、家族全員プールで楽しんだ。北村さんも子供たちと充実した時間が過ごせてうれしかった。

## ▷ MODEL NARRATION B

**Last Sunday, at 5 a.m., Mr. Kitamura and his family were getting ready to go skiing.** There were six people in his family, four boys, and Mr. and Mrs. Kitamura. The boys were really excited. They got in the car and left the house.

Mr. Kitamura drove fast for the first few hours. But when they got on the highway to the ski slopes, the traffic was heavy. It was 8:00 o'clock. It seemed that they would get to the ski slopes very late. The whole family worried about the delay.

One hour later, they were still on the crowded highway and the ski slopes were far away. Mr. Kitamura got a good idea. He suggested that they change their plan and go to a nearby hot spring. There was a spa garden and a big swimming pool. All the boys complained at first, but they finally agreed with Mr. Kitamura, because they didn't know when they could start skiing.

The Kitamuras got to the spa garden. It was not crowded, so they enjoyed swimming and bathing in the hot spring a lot. They had a really good time there.

# Day 7

## ▶▶▶ Q&A

### No.1

**Q**: If you were Mr. Kitamura, what would you have said to the other member of the family in the third picture?
　質　問：もしあなたが北村さんだったら、三つ目の絵で家族に何と言ったと思いますか。

**A**: I would have said to them, "I think we'd better change our plan. Why don't we go swimming at the hot spring resort?"
　応答例：「計画変更したほうがいいみたいだよ。温泉リゾートセンターのプールに泳ぎに行くっていうのはどうかな」と言ったと思います。

### No.2

**Q**: What do you think Kitamura's family learned from this experience?
　質　問：北村一家はこの経験からどんな教訓を学んだと思いますか。

**A**: I think they learned that it's not always good to go to popular amusement spots on holidays, because too many people rush to the same place.
　応答例：彼らの得た教訓は、休日に人気のある行楽地に出掛けるのは必ずしも正解ではない、同じ場所にあまりにも多くの人が殺到するからだ、ということだと思います。

### No.3

**Q**: What do you think about traffic jams on holidays?
　質　問：休日の交通渋滞についてどう思いますか。

**A** : I think it's a terrible problem. Threr are too many automobiles in Japan. I think people should take other transportation.

 応答例：大きな問題だと思います。日本は車が多すぎます。もっと他の交通機関を利用するべきだと思います。

## No.4

**Q** : Do you think most families spend enough quality time together?

 質　問：多くの家族が充実した時間を過ごしていると思いますか。

**A(1)** : Yes.

**Q** : Why do you think so?

**A(1)** : In the past, on holidays, husbands used to go golfing , wives went shoping, and children went out with friend. But people have been getting more family-oriented and now they tend to spend holiday with family.

 応答例(1)：かつては、休日というと、夫はゴルフ、妻は買い物、子供は友達と遊びに行くというのが多かったのですが、今は家族志向に変わってきて、家族と休日を過ごすことが多くなっていると思います。

**A(2)** : No.

**Q** : Why do you think so?

**A(2)** : Most children hate to go out with their parents and brothers or sisters. Also most husbands like to stay at home and lie around, and children do too.

 応答例(2)：子供達はたいてい親兄弟と一緒に外出するのをいやがりますし、たいていのオヤジは家にいてゴロゴロするのがいいと思っているし、子供もそうです。

# DAY 7

## ▶▶▶ STORY HINTS

②アクション（動作）
- 1コマ目→（Early in the morning, the Kitamura family getting ready to go skiing）
- 2コマ目→（The Kitamura family caught in a traffic jam on the way to the skiing area）
- 3コマ目→（Mr. Kitamura suggesting to the family that they go swimming）
- 4コマ目→（The Kitamura family having fun in an indoor-heated swimming pool）

## ▶▶▶ POWER SKILLS　　Q&Aで使える「殺し文句」

　合否のカギを握るのはストーリー部分だが、Q&A部分でも着実に得点を積み上げると合格はより確実になる。　登場人物のセリフを考えて言うQuestion No. 1と4コママンガの解釈に関するNo. 2ではそんなに差はつかないが、自分の意見を聞かれるNo. 3とNo. 4ではクリエイティブな力が物を言う。ここでは「あなたならどう言ったでしょう」というNo. 1への対処術と、環境問題が出た場合のNo. 3 or 4で使えるとっておきのフレーズを特集する。

## 【機能別 Question No.1 対処術】

> Q.1 で What would you have said...? と聞かれたら
> I would have said, +

後　悔　　I can't believe I spent so much money.
　　　　　Oh, no! We just spent all our money.
　　　　　I shouldn't have stayed out under the sun so long.

怒　り　　I can't depend on you for anything.
　　　　　Why did you take so long?
　　　　　Can't you see how busy I am?
　　　　　Don't you know it's wrong to ...?
　　　　　What do you mean by falling asleep at the office?

謝　る　　I'm really sorry I frightened you.
　　　　　I'm sorry we left you behind, but it was the only way.

なぐさめ　Don't worry, that can happen to anyone.

言い訳　　I know I shouldn't have parked in a no-parking area, but what can we do when the parking lot is full?

## 【環境問題がトピックのQ3 or 4で使えるとっておきフレーズ】

1. I'm very worried about the destruction of the tropical rainforests.
   （私は熱帯雨林の破壊をとても心配している）

# Day 7

2. We have to save the rainforests, because they produce a lot of oxygen.
   (熱帯雨林は酸素を生み出すので、守らなければならない)

3. More and more people are becoming aware of the need to conserve natural resources.
   (より多くの人たちが、天然資源の保護の必要性に気づきだした)

4. Everyday items like cars and refrigerators cause global warming.
   (車や冷蔵庫のような日常品が、地球の温暖化の原因になっている)

5. It would greatly reduce air pollution if more people would use public transportation.
   (みんながもっと公共の交通機関を利用したら、大気汚染は大幅に減るだろう)

6. Recycling newspapers is an easy way to reduce waste.
   (新聞紙の再利用は、ゴミを減らすのに簡単にできる方法だ)

7. I want to build a house that uses only solar energy.
   (私は太陽エネルギーだけを使う家を建てたい)

## 《POWER NOTES》(面接テクニック集)

実力のすべてが本番で発揮できるよう、
試験直前までこのテキストのエッセンスを何度もおさらいしておこう。

### 準備編
### これがナレーション攻略のポイントだ！

1)「主人公」をチェックしよう！
　誰が主人公であるかを忘れずにその人物を中心に話を進めよう。

2)「スターター」を忘れるな！
　　ストーリーの冒頭文は問題カードに書いてある。忘れずにここからスタートしよう。

3)「4コママンガ」はこう読みとれ！

　①「シチュエーション」(状況)
　　　まずは誰が、どこで、何をしているのかという状況把握を押さえよう。
　②「アクション」(動作)
　　　それぞれのコマで登場人物が何をしているか、そしてその理由を押さえよう。
　③「フィーリング」(心理)
　　　登場人物の心理状態を説明すれば、ナレーションがグレードアップ！

4)「ストーリーパターン」をチェックしよう！
　　ストーリー展開が「ハッピーエンド」か「アンハッピーエンド」なのかを見極めよう。

5)「ストーリーテーマ」について自分の意見を用意しておこう！
　　このストーリーのテーマは何か？　そのテーマについてのあなたの意

見を「Q&A」で必ず問われる。準備段階から作戦を立てておくことが「勝利の方程式」だ！

## 実践編
## これで面接委員が大きくうなずく！

1）アクションの「理由」を説明しよう！
　　それぞれのコマの「動作」を説明しているだけでは「一次元的」なナレーションで深みがない。もう一歩踏み込んで「なぜそれをしたのか」を説明すれば、あなたのナレーションにグッと味がでる。

2）過去のできごとの時間差には「過去完了形」を使おう！
　　そのコマで説明している動作よりも以前に起きている動作については確実に「過去完了形」を使おう。面接委員も「コイツは基本ができている」と納得するはずだ。

3）登場人物の心理状態をしっかり表現しよう！
　　「動作」「理由」と来たら、最後は「感情」だ。登場人物の心理状態をキッチリ説明しよう。面接委員が泣いて喜ぶはずだ。

4）登場人物にセリフを言わせよう！
　　ところどころに会話のセリフを織りまぜてみよう。臨場感たっぷりのナレーションになる秘訣だ。

5）副詞を使って動作を味付けしよう！
　　動詞を飾りつけるには「副詞」がピッタリ。これで深みのある「動作」表現ができる。

6）「決めのひとこと」でバッチリしめくくろう！
　　ストーリーパターンに合わせてナレーションを引き締めよう。

7）得点力 (モロ) UP　ストーリー作成フォーマット
　　４コマ・マンガという形式の制約上、どうしてもストーリーのパターンは決まったものになる。過去の出題を分析して、「出る」問題のコマごとの流れを抽出してみた。この基本フォーマットに乗っかって話せばどんな人でも合格できる。問題カードに自分の英語を合わせて誠実に話しても受かる確率はせいぜい六割。逆に、自分の持ちパターンに出題を無理矢理合わせる人の合格率は100％に限りなく近い。なんとしてもこのフォーマットを利用して、自分の勝ちパターンを作って欲しい。

## 【ストーリー作成　基本フォーマット】

| | | |
|---|---|---|
| 起 | One day<br>He was worried that he would be .... | |
| 承 | お楽しみ<br>気づく<br>困る<br>期待<br>耳を貸さない | He had a very good time.<br>He noticed ....<br>He didn't know what to do.<br>He thought how nice it would be to ....<br>Even though his wife tried to stop him, he wouldn't listen. |
| 転 | 思いつき<br>急転<br>誰かが怒る<br>時間・場面 | Then he had an idea. He decided to ....<br>Then something terrible happened. He was surprised to find that ....<br>The boss (His wife) got angry and started shouting.<br>A few hours (days) later, On the way home, |
| 結 | 羽目になる<br>喜び<br>感謝<br><br>恥<br><br>後悔 | He ended up -ing.<br>He smiled and jumped with joy.<br>Everyone said 'thank you' to him.<br>He knew he did the right thing.<br>He was proud of himself.<br>He was embarrassed. All he could do was to say sorry. He couldn't believe it.<br>He was embarrassed. He thought he should have been more careful. |

**7日間完成**
**「英検準1級」二次試験対策　CD付**

2000 年 7 月　7 日　1 刷
2016 年 4 月 27 日　5 刷

|  |  |
|---|---|
| 著　者 | ＥＣＣ外語学院 |
|  | ©ECC,2000 |
| 発行者 | 南　雲　一　範 |
| 印刷所 | 日本ハイコム株式会社 |
| 製本所 | 有限会社　松村製本所 |
| 発行所 | 株式会社　南　雲　堂 |

東京都新宿区山吹町361番地　／〒162-0801
電話　東京 03（3268）2311（営業部）
　　　東京 03（3268）2387（編集部）
振替・00160-0-46863 ファクシミリ・03(3260)5425

Printed in Japan　　　　　　　　　　　〈検印省略〉
乱丁・落丁本はご面倒ですが小社通販係宛ご送付下さい。
送料小社負担にてお取替えいたします。
ISBN978-4-523-26370-8　C0082　　〈1-370〉

E-mail：nanundo@post.email.ne.jp
URL：http://www.nanun-do.co.jp/

# 6か月で
## 英検準1級・1級の壁が破れる！

# Word Up!
### ― *Advanced Learner's Wordbook* ―

高山英士著　A5判　216ページ　定価（本体1748円＋税）

## 英文雑誌・新聞、二カ国語放送の必須1050語の習得であなたの英語が激変する！学習効率を極限まで高めた

**上級者のためのベストの単語・熟語集**

別売のカセットテープと共に学習することをお勧めします
［カセットテープ全3巻セット　定価（本体4369円＋税）］

**CD付き**

# ECCが贈る最強の英検対策

## リニューアル英検完全対応シリーズ

10日間完成　英検準1級一次試験対策
10日間完成　英検 2 級 一次試験対策
10日間完成　英検準2級一次試験対策
10日間完成　英検 3 級 一次試験対策

ECC編　Ａ5判並製　定価（本体1600円＋税）

　最新出題傾向に合わせ、ECCが総力を結集して研究したオリジナル問題を収録。短期間で自分の弱点を発見、補強し、オールラウンドな英語力がつくように構成。英検一次試験対策には格好の問題集。

7日間完成　英検準1級二次試験対策
7日間完成　英検 2 級 二次試験対策
7日間完成　英検準2級二次試験対策
7日間完成　英検 3 級 二次試験対策

ECC編　Ａ5判並製　定価（本体1500円＋税）

　英検二次試験の面接問題にターゲットを絞った教材。面接で多く用いられる題材を取り上げ、丁寧な解説をつけた。付属のＣＤを使いながらリスニング力を上げつつ、本番さながらの試験を体験できる。

## 行動する英語シリーズ

### ・*・ アメリカでホームステイする英語 ・*・

田村智子監修　四六判　240ページ　定価（本体1165円＋税）ＣＴ別売
役に立たなきゃやる気も出ない！
ホームステイで聞く英語・しゃべる英語がギッシリ

### ・*・ アメリカ暮らしと英会話 ・*・

川滝かおり著　四六判　208ページ　定価（本体1165円＋税）ＣＤ別売
ノウハウもわかる長期滞在完全マニュアル

### ・*・ 英語っぽくしゃべる英語 ・*・

森まりえ／W.B.グッドマン著　四六判　200ページ　定価（本体1165円＋税）ＣＤ別売
基礎単語と基本表現を使い回すコツのコツ
簡単な単語でこれだけ表現できる！

### ・*・ リスニングするネイティブフレーズ ・*・

こんな場面でちょっと盗み聞き
ダニエル・ブルーム著　四六判　208ページ　定価（本体1165円＋税）ＣＴ別売
180シーンで展開するネイティブ会話

### ・*・ 旅行でしゃべる英会話 ・*・

イッパツで通じればキモチイイ
マイケル・ブラウン著　四六判　200ページ　定価（本体1165円＋税）ＣＴ別売
アメリカ人が書いた通じる英語ホントはこんなにカンタンだった!!

### ・*・ 仕事英会話フレーズ800 ・*・

M.フィッツヘンリ著　古山真紀子訳　四六判　208ページ　定価（本体1200円＋税）ＣＴ別売
ネイティブが仕事で使う、最も簡単で最も基本の言い回し

## はじめての ウィスパリング同時通訳

柴田バネッサ著
Ａ５判　192ページ　定価（本体1900円＋税）

即戦力養成・英検準２級レベルよりスタート
リスニングとスピーキング能力強化のトレーニングを紹介
コミュニケーション手段としての英語の総合力をアップ

本書にはカセットテープが別売されております。全２巻　各定価（本体2000円＋税）

## 実践ゼミ ウィスパリング同時通訳

柴田バネッサ著
Ａ５判　190ページ　定価（本体1900円＋税）

同時通訳養成法を利用
聞き取れるスピードで耳からメガトン・インプット
スピーチ表現力の強化
会話の初歩から実用までを集中練習

本書にはカセットテープが別売されております。全１巻　定価（本体2400円＋税）

南雲堂の好評書

1日1時間の独学パワー
ヒマさえあれば実況中継せよ
十指法のススメ
英語の反射神経を創る
ツージビリティ最優先

## 和魂英才
# 英語超独学法
## 秘中の秘34のノウハウ

吉 ゆうそう 著

四六判　256ページ　定価（本体1456円＋税）

---

英語の勉強法がわからない人
三日坊主で長続きしない人
英語と一生つき合いたいと思ってる語学好きの人
あなたに贈る独学法のコツ！

---

単なるハウツウものとは異なる迫力のある説得力でせまる語学の達人への道。

定価はすべて税込価格です。
ご注文はお近くの書店、または直接小社（TEL03-3268-2384）まで。